Hoch der Äquator! Nieder mit den Polen!
Eine sorgenfreie Zukunft im Imperium der Kokosnuss

Hoch der Äquator! Nieder mit den Polen!

Eine sorgenfreie Zukunft im Imperium der Kokosnuss

August Engelhardt und August Bethmann

Herausgegeben von Dieter Kiepenkracher
Dieter.Kiepenkracher@gmail.com

Books on Demand GmbH, Norderstedt

Hoch der Äquator! Nieder mit den Polen!
Eine sorgenfreie Zukunft im Imperium der Kokosnuss

ISBN 978-3-84-820442-7

Die Deutsche Nationalbibliothek verzeichnet diese Publikation in der Deutschen Nationalbibliografie; detaillierte bibliografische Daten sind im Internet über `http://dnb.d-nb.de` abrufbar.

Herstellung und Verlag: Books on Demand GmbH, Norderstedt

Inhaltsverzeichnis

Vorwort

Private und berufliche Umstände hatten mich gezwungen, meine Universitätslaufbahn abzubrechen. Ich wanderte aus, möglichst weit weg von meiner deutschen Heimat. Meine Arbeit über Grenzgänger zur Jahrhundertwende konnte und wollte ich nicht weiterführen.

Jetzt hat mich das deutsche Medienecho - durch das Internet bis hierher vernehmbar - wieder an meinen alten Freund August Engelhardt erinnert. Er ist die Hauptfigur in Romanen der Autoren Christian Kracht und Marc Buhl und eines Theaterstücks. Ein Film ist in Planung und ein Musical.

Hier nun äußert sich Engelhardt selbst, zusammen mit August Bethmann. Sie halten nun sein Vermächtnis in Händen, das kokovorische Manifest für ein besseres Leben durch Kokos-Konsum.

Das selten gewordene Buch erscheint das erste Mal seit über hundert Jahren; in sorgfältig edierter, ungekürzter Originalfassung mit wertvollem Bonusmaterial. Biographien von Engelhardt und Bethmann, eine kurze Historie, ein Nachwort mit Persönlichkeitsanalyse, eine Kurzfassung des Manifests auf Basis von Zitaten, ein Schriftenverzeichnis, sowie ein Verzeichnis mit Angaben zu im Text erwähnten Personen sowie ein ausführliches Glossar wurden von mir beigefügt.

Gönnen Sie sich einen Coconut Shake und lesen Sie selbst! Sie erfahren, wie es wirklich war.

Was sind Universitäten gegen eine solche Lebensweise?

Melbourne, März 2012 *Dieter Kiepenkracher*

PS: Wenn Ihnen dieses Buch gefallen hat, empfehlen Sie es weiter, wenn nicht, schreiben Sie mir: `Dieter.Kiepenkracher@gmail.com`. Sie erhalten auf Wunsch die aktuelle Musiktitelliste des Engelhardt Musicals.

Wie der Gesamtheit Du dienest am besten in jeder Beziehung?
Diene der Sonne, o Freund! dann wirst Du zur Sonne der Menschheit.

August Engelhardt

Eine Sorgenfreie Zukunft

Das neue Evangelium

Tief- und Weitblicke

für die Auslese der Menschheit — zur Beherzigung für alle — zur
Überlegung und Anregung

von

August Bethmann und August Engelhardt

Fünfte

völlig umgearbeitete und erweiterte Auflage

Insel Kabakon bei Herbertshöhe
(Bismarckarchipel)
Reform-Verlag: Bethmann & Engelhardt
1906
In Kommission bei Th. Siebert, Alsleben a. Saale.

Eine Sorgenfreie Zukunft

1a. Aus dem Vorwort zur 1. Auflage.

...Von dem Alltagsmenschen[1] mit seinem Herdeninstinkt ist nur ein abfälliges Urteil zu erwarten; ein solches hat jedoch nicht mehr Wert wie das Urteil eines Blinden über die Farben.

Wer hier und da einen Ausdruck zu derb findet, beliebe zu berücksichtigen: „Beim Hobeln fallen Späne."

Remscheid, am 18. März 1898.

Der Verfasser. (Bethmann)

1b. Geleitwort zur andern Auflage.

Zunächst herzlichen Dank allen, die meiner Aufforderung, Kritik zu üben, Folge leisteten. Neben den zahlreichen Anerkennungen und begeisterten Zustimmungen gingen auch viele lieblose Urteile ein; die Absender der letzteren haben offenbar die vier ersten Zeilen dieser Seite übersehen. Im übrigen bestätigen diese Stinkbombenwerfer nur den alten Satz: „Der gewöhnliche Durchschnittsmensch verdammt alles, was über seinen Horizont geht." Möchte auch ihnen bald eine bessere Erkenntnis werden!

Und nun: „Glückauf zur frohen Wanderfahrt!"

Remscheid, am 18. Oktober 1898.

Bethmann-Alsleben.

---

[1]Diese Gattung bildet bedauerlicherweise in allen Gesellschaftskreisen die große Mehrheit.

2. Einleitung.

Lieber Leser! Liebe Leserin!

Eine sorgenfreie Zukunft verheißt Dir der Titel unseres Büchleins. Du glaubst vielleicht, wir geben Dir ein Mittel an, wie Du recht reich wirst, um Dich aller materiellen Sorgen zu entheben. Oder vielleicht erwartest Du, daß wir Dir ein Mittel nennen, das alle Krankheiten heilt und Dich für immer vor neuer Krankheit bewahrt. Im Besitz eines solchen Mittels könntest Du Dich sorgenfrei nennen. Wer stets über eine gute, frische Gesundheit verfügt, der kann mit heiterm Blicke in die Zukunft sehen. Und Du, lieber Leser, glaubst, wir predigen die Reformation der Gesellschaft und der Güterverteilung, wir lehren ein System, bei dem die Gesamtheit jedem einzelnen die notwendigsten Bedürfnisse garantiert, bei dem Nahrungs-, Kleidungs- und Wohnungssorgen unmögliche Dinge sind. Und Du wieder, mein lieber Freund, Du erinnerst Dich des Bibelwortes: „Alle Eure Sorgen werfet auf IHN, denn ER sorget für Euch!" (1. Petr. 5,7).

Du meinst, wir weisen den Menschen hin auf seinen göttlichen Vater, wir raten ihm, alle seine Sorgen Gott anzuvertrauen. Wer auf Gott vertraut, hat nicht auf Sand gebaut. Liebe Leser! Ihr habt alle Recht, und Ihr habt alle Unrecht. Ihr habt Recht: Wir zeigen Euch den Weg zu größtem Reichtum. Wir lehren Euch die Erlangung höchster Gesundheit. Wir predigen ein System, das eine gerechte Land- und Güterverteilung im Gefolge hat. Wir weisen Euch hin auf den Urquell allen Lebens, auf den Spender allen Glücks und aller Freude, auf den Vernichter aller Sorgen. Ihr habt alle Unrecht: unser Weg ist nicht Euer Weg. Wohl geben wir Euch die Mittel zur Sorgenbefreiung; aber ihre Anwendung gleicht nicht dem hinnehmen einer Arznei, oder der Verordnung neuer Gesetze, oder dem Sprechen eines andächtigen Gebetes. Ihre Anwendung ist: tiefgreifendste Selbstreform. Wer die Erde in ein neues Eden wandeln will, der muß die Menschen lehren, wie sie das Paradies in sich aus seinem tiefen, tiefen Schlafe aufwecken. Das Äußerlichen eines Lebens ist die Projektion seines Innenzustandes in die Außenwelt. Wer das lebendige Paradies in sich hat, der kann nicht anders, als paradiesische Wirkungen äußern. Es liegt in seiner Natur, reinigend, verschönernd, veredelnd auf seine Umgebung zu wirken. Nur er ist reif für das heben im Paradiese.

Der unruhige, nervöse, leidenschaftsvolle Kulturmensch von heute würde sich im Paradiese recht unglücklich und gelangweilt fühlen, gleich dem Pferde, das sein ganzes Leben im Bergwerksstollen zugebracht und das, dem Lichte des Tages wiedergegeben, sehnsüchtig nach seinem finstern Stollen zurückverlangt, würde er sich nach dem aufregenden, bunten Leben der Kultur zurücksehnen. Wer Ruhe und tiefen Frieden in sich trägt, der sehnt sich hinaus aus dem lärmenden Kulturleben, er wird die Orte der Ruhe und des Friedens zu seinem Wohnsitze wählen. Darum, liebe Leser, wenn Ihr Sehnsucht habt nach dem Paradiese, wenn Ihr das Paradies auf Erden haben wollt, dann wandelt Euch zuerst in lebende Paradiese. Wir können Euch nur den Weg zeigen. Wir zeigen Euch den Weg. Ihn gehen, ist Eure Sache. Sein Ziel erreichen ist Euer Lohn.

Mancherlei Wiederholungen, die Du, lieber Leser, in diesem Werkchen findest, mögest Du dem Recht der Wahrheit zugute schreiben, so lange wiederholt zu werden, bis wir sie in Tat und Leben umgesetzt haben. Solltest Du, lieber Leser, Dich berufen fühlen, Kritik an unserm Büchlein zu üben oder solltest Du etwas besser oder vollständiger haben wollen, so teile uns freundlichst Deine Ansicht und Deine Wünsche mit. Wir bitten Dich auch, uns einschlägiges Material zuzusenden oder uns darauf hinzuweisen. Wir werden alles bei einer neuen Auflage so viel wie möglich berücksichtigen. *Nun ziehet hinaus, ihr sonnigen Gedanken! Wirket Klarheit, Sonnenschein!*

Insel Kabakon bei Herbertshöhe im Bismarckarchipel, 26. September 1905.

August Bethmann. August Engelhardt.

3. Die Vögel.

Die Lust hat mich gezwungen,
Zu fahren in den Wald,
Wo durch der Vögel Zungen,
Die ganze Luft erschallt.

Fahrt fort, ihr Freudenkinder,
Ihr Büsche-Bürgerei,
Und Freiheitvolk nicht minder,
Singt eure Melodei!

Ihr lebt ohn' alle Sorgen,
Und lobt die Güt' und Macht
Des Schöpfers, von dem Morgen
Bis in die späte Nacht.

Ihr baut euch artig Neste,
Nur daß! ihr Junge heckt,
Seid nirgends Fremd' und Gäste,
Habt euren Tisch gedeckt.

Ihr strebet nicht nach Schätzen
Durch Abgunst, Müh' und Streit;
Der Wald ist eu'r Ergötzen,
Die Federn euer Kleid.

Ach, wollte Gott, wir lebten
In Unschuld gleich wie ihr,
Nicht ohn' Aufhören schwebten
In sorglicher Begier!

Wer ist, der also trauet
Auf Gott, das höchste Gut,
Der diese Welt gebauet,
Und alles Gute tut?

Wir sind nicht zu erfüllen,
Mit Reichtum und Gewinn,
Und gehn, um Geldes willen,
Oft zu der Hölle hin.

O, daß wir Gott anhingen,
Der uns versorgen kann,
Und recht zu leben fingen
Von euch, ihr Vögel, an.

Simon Dach

4. Was Ist eine Sorge?

Christus sagt: „Alle Eure Sorgen werfet auf IHN, denn HR sorget für Euch". Man kann Sorgen wegwerfen, wie man eine Last wegwirft. Wir sprechen von Nahrungs-, Kleidungs-, Geschäftssorgen. Wir sagen: „Ach, mach' Dir keine Sorgen, es wird alles gut gehen".

Betrachten wir die Nahrungssorgen. Wenn wir jederzeit hinreichend Mittel haben, um unsere Nahrung zu beschaffen, macht sie uns keine Sorgen. Die Sorgen fangen erst an, wenn Geld und Beschaffungsmittel knapp und unzulänglich werden. Die Sorge wird um so größer, je größer die Schwierigkeit wird, die Nahrung herbeizuschaffen.

Sorgen drücken nieder wie Lasten. Sie sind Lasten, die uns niederdrücken, geistige Lasten, erzeugt durch das Gefühl und den Grad der Schwierigkeit, ein für uns notwendiges oder uns notwendig scheinendes Bedürfnis zu befriedigen.

5. Die Sorge — ein Lebensvernichter.

Sorgen ist die gewöhnlichste Art von Selbstmord.[2] Sorgen stört den Appetit, den Schlaf, macht die Atmung unregelmäßig, verdirbt die Verdauung, schwächt den Charakter und den Geist, befördert Krankheit und untergräbt die körperliche Gesundheit. Sorgen ist die wirkliche Todesursache von tausenden Todesfällen, wo wohl eine andere auf dem Totenschein steht. Sorgen ist Gift für den Geist, während Arbeit Speise für den Geist ist.

6. Wie befreien wir uns von einer Sorge?

Indem wir die Sorge, das ist die Schwierigkeit, ein wirklich oder scheinbar notwendiges Bedürfnis zu befriedigen, verringern oder ganz aufheben. Eine Verringerung wäre eine teilweise Befreiung, ganze Befreiung hätte völlige Aufhebung zur Voraussetzung. Können wir bei allen unsern Sorgen ihre Ursachen beseitigen, dann haben wir eine sorgenfreie Zukunft.

7. Gibt es ein allgemeines Verfahren, sich von Sorgen zu befreien?

Wir sehen, daß Sorgen beruhen auf der Schwierigkeit, Bedürfnisse zu befriedigen. Die Schwierigkeit der Befriedigung hat einen Mangel irgendwelcher Art zur Voraussetzung. Nahrungssorgen haben den Mangel an Geld oder Arbeitskraft oder Verkehrsmitteln als Ursache. Kindersorgen entstehen durch den Ungehorsam, die Krankheiten, die Fehler und Mängel der

---

[2] Aus „Gute Gesundheit“, Zeitschrift für allgemeine Gesundheitspflege, Deutscher Verein für Gesundheitspflege. 7. Jahrgang 1904.

Kinder. Der Feind des Mangels, sein Tod, ist der Überfluß. Sich von einer Sorge befreien, heißt: den sie bedingenden Mangel durch Überfluß verdrängen. Sich von allen Sorgen befreien heißt: sich mit dem Urquell allen Überflusses, mit dem Geber aller Dinge, aller Kraft und Macht in innige Verbindung setzen, sich mit Gott vereinen oder, wie unsere Kinderweisheit sagt: wir müssen zum Urquell allen Lebens, aller irdischen und himmlischen Kraft: zur Sonne zurückkehren, wir müssen Sonnenkinder werden.

Das reine Sonnenkind kennt keine Sorgen. Es hat seine Sorgen auf Ihn, den Vater Helios, geworfen. Es weiß, er sorgt in einem fort aufs beste für mich. Die Sonne ist sein Nahrungslieferant, sein Gastwirt und Koch. Die Sonne ist sein Tuchfabrikant und sein Schneider. Der Sonnentempel, der Himmelsdom ist seine Wohnung, seine Schlafstätte. Das Licht der Sonne erleuchtet ihn Tag für Tag und läßt ihn klar das Wahre und Rechte erkennen, es ist sein Erzieher, sein Lehrer. Unabhängig von den schwachen veränderlichen Menschen, nur abhängig von der immer gütigen, im immer treuen und helfenden Sonne, lebt das Sonnenkind ein immer sonniges, sorgenloses Dasein.

8. Gruß der Palme.

Wohl ist das Land noch fern! Ein schmales Band
Liegt's auf des Horizontes weitem Rand;
Ein weißer Strich nur steigt daraus hervor:
Ragt Obelisk, Turm oder Säul' empor?

Jetzt sind sie nah! Ein Baum ist's nur! Es steigt
Einsam sein Riesenschaft, hoch oben zweigt
Ein Dom von Laub, als sei gestellt hinauf
Ein Tempel auf des Obelisken Knauf!

Die Kokospalme ist's, im lauen Wind
Des Wipfels grüne Wedel wiegend lind!
Die Krone säuselt aus den luft'gen Höh'n,
Wie Menschenwort, harmonisches Getön:

„Willkommen, Fremdling! Sprich, was tut dir not?
Sieh, wenn dich hungert, meine Frucht ist Brot;
Und dürstet dich, so schenk' ich Milch und Wein,
Ich will dir Acker, Quell und Weinberg sein.

Bist nackt du, web' ein Kleid aus meinem Bast!
Und schläfert dich, ruh' unter mir, mein Gast!
Mein Schatten wird dich decken, leicht und kühl,
Ich spende Kleidung dir und Ruhegefühl.

So wird ja alles, was dein Herz begehrt,
Von mir und meinen Schwestern dir beschert;
Komm, Fremdling, der du nahest diesem Strand,
Sei uns willkommen hier im Palmenland!"

Nach Anastasius Grün

9. Wie befreien wir uns von der Sorge um die Nahrung?

Die wahre Daseinsfreude, das reinste Lebensglück empfindet nur
der Fruchtesser — der Kokosesser.

Für die physische, moralische und intellektuelle Entwicklung der Menschheit ist die Ernährungsfrage unbestritten die wichtigste. Ein flüchtiger Blick auf den Bau der Ernährungsorgane des Menschen zeigt, daß er weder Fleischesser wie der Tiger, noch Krautesser wie das Vieh oder Pferd, noch Körneresser wie der Hamster oder die Taube, sondern Fruchtesser wie der Affe ist. Aber nicht ein Universalfruchtesser, sondern ein Nußesser. Aber nicht ein Universalnußesser, sondern ein Kokosnußesser — ein Kokovore. Jede Abweichung von der idealen Norm dieses Naturgesetzes rächt sich schwer. Welch mächtigen Hebel zur Lösung der sozialen Frage die naturgemäße Lebensweise bietet, muß jedem Denkenden einleuchten. Die Verfasser vertreten den strengsten Kokovorenstandpunkt, d.h. sie nähren sich nur von Kokosnüssen, wie sie uns Mutter Sonne in den feuchtheißen Tropen spendet, also nicht entwertet, ertötet durch Kochen, Schmoren oder Braten. Es ist eine Vermessenheit, wenn der Mensch die herrlichen Früchte durch sein Zutun verbessern will. Der Köchin Kunst ist jämmerliches Stückwerk im Vergleich mit den Leistungen der segenspendenden Sonne, dieser Musterköchin. Der Menschen Köchin hilft dem Totengräber bei der Arbeit. Was uns Gott weder durch Geschmack und Geruch, noch durch sein Aussehen verlockend und essenswert erscheinen läßt, das macht sie durch Kochen, Mischen, Würzen und Verzieren zur gaumenkitzelnden einladenden Speise. Damit füllt sie die Taschen der Produzenten und Lieferanten. Damit verdreht sie und höhlt sie aus die Hirne der Konsumenten. Wer falsch ißt, denkt falsch. Nur der richtig, d.h. seine natürliche Nahrung essende Mensch kann Kopf und Leib normal ernähren, nur er kann normal denken und handeln. Jedes Geschöpf findet seine Nahrung fix und fertig auf der Erde vor. Sollte da für den Menschen, als den Herrn der Schöpfung, den Liebling der Sonne, nicht auch etwas Passendes geschaffen worden sein?

Ist der Mensch befähigt, die für ihn passende Nahrung zu erkennen? Der Mensch als Schöpfer sucht durch die Form seiner Schöpfung den Inhalt zu verraten, um so mehr, je gesunder er ist. Er baut sein Gotteshaus mit Türmen, die zum Himmel zeigen. Die Kasernen werden von Zinnen gekrönt und mit Skulpturen von Waffen geschmückt. Der Soldat trägt die Uniform, der Mönch die Kutte, der Student die bunte Mütze. So verfährt der gesunde, zweckmäßig handelnde Mensch. Um wieviel mehr die Gesundheit selbst, die Gottheit. Darum dürfen, ja müssen wir von ihr verlangen, daß wir auf den ersten Blick unsere Nahrung erkennen können. Der Mensch ist vom Affen, dem ihm am ähnlichsten Tiere, vor allem durch das Haupt unterschieden. Der Schädel des Affen gleicht einem Dache mit konkaven, ausgehöhlten Flächen, der des Menschen dem gewölbten Himmelsdome. Darum können wir von der weisen Gottheit verlangen und erwarten, daß sie die Nahrung des Menschen in die Form des Menschenhauptes gegossen hat. Tiere mit Menschenköpfen gibt es nicht. Gibt es Pflanzen mit Menschenköpfen? Das Haupt ist der lebendigste und gehaltvollste Teil des Menschen. Die Frucht ist der lebendigste und gehaltvollste Teil der Pflanze. Gibt es Pflanzen, die das Menschenhaupt als Frucht tragen? Gott wäre nicht allweise und der vollendetste Künstler und Ästhetiker, hätte er sie nicht geschaffen. Es sind die Kokospalmen. Ihre Früchte, die Kokosnüsse, sind vegetabile Menschenköpfe. Sie allein sind des Menschen wahre Nahrung.

Die Wissenschaft lacht vielleicht hierüber. Was formt die Wissenschaft, was hält sie zusammen, was läßt sie bauen und sich weiter entwickeln? Das Prinzip der Ähnlichkeit. Nach der Ähnlichkeit klassifizieren wir Steine, Pflanzen, Tiere, Menschen. Wie die Wissenschaft die Menschen und Affen in eine der benachbarten Tierordnungen einreiht auf Grund der Ähnlichkeit, so muß sie auch, wenn sie nicht unlogisch und inkonsequent sein will, eine Pflanze, die das Menschenhaupt in sprechender, ja schreiender Weise nachahmt, als zum Menschen gehörig erachten und deren für den Menschen genießbaren und wohlschmeckendsten Teil als die wahre Nahrung des Menschen anerkennen. Wir haben es bei der Kokosnuß mit einem besonders markanten Fall von Mimikry, d.h. Nachäffung, zu tun. Es gibt unzählige Fälle in der Natur, daß Tiere die Pflanzen, auf welchen sie leben, oder Teile derselben in auffallender Weise durch Gestalt und Färbung nachahmen, oder daß sie sich aufs vollkommenste der sie umgebenden Landschaft anpassen. Man denke nur an all die Schmetterlinge, Käfer und Raupen, die die Blüte, das Blatt oder die Rinde ihrer Nahrungspflanzen nachahmen. Man denke an jene Wüsten-, Steppen- und Polartiere, die die Farbe der Wüste, der Steppe, des Schneefelds tragen. Der Darwinist glaubt diese Erscheinungen durch das Schlagwort Anpassung zu erklären. Wer gesund und klar genug ist, um die Welt als Schöpfung eines durchaus harmonischen, ästhetischen Geistes zu betrachten, sieht hierin das Bestreben des wahren Künstlers, Gleiches zu Gleichem zu gesellen. Haus und Inventar müssen eine stilistische Einheit, bilden. In den Kokos- oder Menschenpalmentempel gehört der Mensch. Er ist seine natürliche Heimat. Wann wird der Mensch das wieder erkennen?

Heutzutage bevölkert er seine Kokoshaine mit dem der Steppe angehörenden Vieh, düngt die erhabenen Palmen, seine Mütter, mit dem stinkenden Mist des blöden Viehs, so geile Fruchtbarkeit erzeugend, und nährt sich selbst mit dessen Leichen. Seine natürliche Nahrung, die Kokosnüsse, zerschneidet und dörrt er, um sie in seinen steinernen Städten zu Seifen und Lichtern und neuerdings auch zu Butter verarbeiten zu lassen. Warum ißt er sie nicht, so sich innerlich erleuchtend, reinigend. Sich von der Sorge um die Nahrung befreien heißt: zu der uns von Gott gegebenen Nahrung zurückkehren. Sie allein als die Gabe des weisen Schöpfers gibt mit der geringsten Menge die größte Kraft, den feinsten Geist und die höchste Ausdauer. Wer sich dazu erzogen, veredelt hat, nur von Kokosnüssen zu leben, braucht in den Tropen pro Tag höchstens eine Nuß. 12 Nüsse kaufen wir auf Kabakon für 10 Pfennig. Der Jahresbedarf würde uns demnach 3 Mark 10 Pfennig kosten. Wer irgendwo 88 Mark zu $3\frac{1}{2}\%$ sicher angelegt hat, ist auf Kabakon bzw. in der Südsee aller Nahrungssorgen enthoben. Oder wenn wir uns unsere Kokosnüsse selbst bauen, wieviel Palmen brauchen wir und welchen Raum beanspruchen sie? Der Prospekt der Regierung von Deutsch-Neuguinea sagt, die Kokospalme trägt jährlich bei normalem Regenfall 80 Nüsse. Wir brauchen demnach den Ertrag von $3\frac{1}{2}$ Palmen zu unserm Jahresunterhalt. Auf 1 Hektar kommen 100 Palmen, 1 Palme benötigt 1 Ar

= 100 Quadratmeter. $3\frac{1}{2}$ Palmen $3\frac{1}{2}$ Ar oder 350 Quadratmeter. Sagen wir rund 4 Ar. Ein mit tragenden Kokospalmen bestandener Hektar kann somit 25 Kokovoren mit seinen Früchten ernähren. Bei einer so intensiven Bevölkerung und einem so geringen Raum- und Nahrungsbedarf würde jeder Palme die denkbar beste Pflege zuteil werden. Sie würde hierbei 100—150 Jahre alt werden und einen den Durchschnitt weit überschreitenden Ertrag liefern. Der Hektar würde nicht nur 25 Personen, sondern vielleicht 40, 50 ernähren.

Die Nahrungssorgen des Menschen von übermorgen, des göttlichen Kokovoren, reduzieren sich auf die Pflege von 2—4 Kokospalmen. Damit hören sie aber auf, Sorgen zu sein, Dr. Brinckmeier sagt in seinem Palmenbuch[3]: „Es kann kein edleres Vergnügen, keine noblere Erholung geben als eine ernste Beschäftigung mit den Palmen, sei es mit, sei es ohne Gewächshaus. Ist doch in einer Palme alles vereinigt, was Gott Schönes und Edles in der Natur geschaffen hat," Dr. Berthold Seemann ruft in seiner „Populären Naturgeschichte der Palmen"[4] begeistert aus: „Die Palmen in der Tat sorgen für so viele unserer Bedürfnisse, tragen so reichlich zu unserer Bequemlichkeit bei, daß wir wohl erstaunen mögen, wie das Menschengeschlecht Teile des Erdballs zu bewohnen imstande sei, von denen sie ausgeschlossen sind. Es war daher keine bloße Phrase, wenn Linné voll Bewunderung für diese edle Pflanze ausrief: „Der Mensch lebt naturgemäß innerhalb der Tropen und nährt sich von den Früchten der Palmen; er existiert in andern Weltgegenden und behilft sich daselbst mit Korn und Fleisch."

A. Hamann schreibt in einem Aufsätze über Name und Verehrung der Palmen in der Alten Welt[5]: „Während der Mensch in der kalten Zone seine Nahrung unter Beschwerden und Gefahren erjagen muß, daher sie ausschließlich im Tierreiche findet, aber auch in der gemäßigten, wo er sich vorzugsweise von den mehlreichen Gräsern nährt, sein Brot nur im Schweiße seines Angesichts essen kann, finden die Bewohner der wärmeren und heißen Gegenden durch die Bäume leicht und mühelos ihren Lebensunter-

---

[3]Brinckmeiers Palmenbuch, praktische, leichtfaßliche Anleitung zur Kenntnis, Anzucht und Kultur der Palmen im Gewächshaus und im Zimmer. Mit 19 Abbildungen. Ilmenau und Leipzig, Verlag von A. Schröter, 1884. Seite VIII und IX.

[4]Zweite Auflage. Mit 8 Illustrationen. Leipzig, Verlag von Wilhelm Engelmann, 1863.

[5]In „Die Palmen". Populäre Naturgeschichte derselben. Von Dr. Berthold Seemann. 2. Auflage. Leipzig, Verlag von Wilhelm Engelmann, 1863. Seite 252.

halt. Die Bäume aber, die noch jetzt vielen Völkern ihre meisten Bedürfnisse liefern, waren in der Vorzeit Tagen die alleinigen Ernährer aller Menschen. Daher heißt es 1. Mos. 2, 8: „Und Gott der Herr pflanzte einen Garten in Eden gegen Morgen und setzte den Menschen darein, den er gemacht hatte." Und Vers 15: „Und Gott der Herr nahm den Menschen und setzte ihn in den Garten Eden, daß er ihn bebaue und bewahre." Daher stammte auch bei Griechen und Römern die Sage, daß die ersten Menschen Eichelesser gewesen seien. Unter allen Baumgattungen jedoch gewähren den meisten Nutzen die Palmen, die in ihren bis jetzt bekannten 250 Arten über die tropische wie subtropische Zone der Alten wie der Neuen Welt verbreitet sind."

In den Tropen zu leben ist die Kunst, auf der kleinsten Fläche mit dem geringsten Zeit- und Geldaufwande die meiste und beste Nahrung zu erzeugen — allerdings nur für den Wissenden. Je mehr wir uns von dem Äquator entfernen, um so größere Flächen, um so mehr Kraft und Zeit und Geld sind nötig, um geringe Mengen minderwertiger, ungenügender Nahrungsmittel zu gewinnen. Nur für den falsch, töricht Lebenden gibt es einen Kampf ums Dasein. Nur für ihn ist die Erde ein Jammertal, das Leben eine ewige Sorge ums liebe Leben, die erst mit dem Tode, d.h. mit dem Ende des Lebens, aufhört. Darum: Zurück in das Reich des Lebens, des ewigen Sommers, der ununterbrochenen Früchteproduktion, in die Tropen! Darum: Zurück in das Land der sorgenfreien Zukunft, der lebensvollsten Gegenwart, in die Kokospalmenhaine der heißen Zone. Darum: Zurück zur allein menschenwürdigen Nahrung, zu den geistigsten, edelsten, kraftvollsten Früchten der Erde, zu den pflanzlichen Menschenköpfen, zu den Kokosnüssen.

Offenbarung Johannis, Kapitel 22, Vers 1 und 2: „Und er zeigte mir einen lautern Strom, des Wassers des Lebens, der ausging von dem Throne Gottes und des Lammes. Mitten auf der Straße der Stadt und auf beiden Seiten des Stromes stund der Baum des Lebens. Er trug Früchte in zwölferlei Reifestadien und lieferte jeden Monat eine Fruchternte; und die Blätter des Baumes dienten den Völkern zu Heilzwecken." Vers 14: „Selig sind, die Gottes Gebote halten, auf daß sie ein Recht haben mögen auf den Baum des Lebens und durch die Tore in die Stadt eingehen."

Der Baum des Lebens ist die Kokospalme. Sie bringt jeden Monat einen neuen Blütenkolben hervor und trägt zu gleicher Zeit unentwickelte und geöffnete Blüten und Früchte von der Größe einer Walnuß bis zur Größe eines Menschenhauptes. Die Frucht braucht 12 Monate zu ihrer Reife.

Wer Sorge, Schmerz und Tod überwinden will, der lebe von den Früchten des Baumes des Lebens, der Kokospalme.

10. Die Kokospalme in der Sage der Singhalesen.

In der Nähe von Bellingham (Belligam), einem Fischerdörfchen an der Südküste Ceylons zwischen den Städten Point de Galle und Matura, erhebt sich, von dichten Hainen umschattet, ein ungeheurer Granitblock, der das Bild eines alten Fürsten aus dem Innern, Rottah Rajah genannt, in übermenschlicher Größe, 16—18 Fuß hoch, dem Auge des Wanderers versinnlicht. Die Überlieferung[6] schreibt die Entdeckung der Kokospalme einer Vision zu, durch welche dieser gottgeliebte Rajah Kenntnis von derselben erhielt. Ein singhalesischer Fürst von frommen Sitten ward plötzlich von einer Hautkrankheit befallen, die ihn von Kopf zu Fuß mit weißen Schuppen dergestalt bedeckte, daß er kaum noch menschliches Ansehen hatte. Dies grauenhafte Übel ergriff den ganzen Körper des Rajah so schnell, daß sein Volk zu Opfern seine Zuflucht nahm in der Hoffnung, dadurch den Zorn Maha Yakas, des großen Dämons, den man für den Urheber von des Fürsten Leiden hielt, zu besänftigen. Der Rottah Rajah (so heißt jetzt das Bild) weigerte sich, persönlich jenen teuflischen Zeremonien beizuwohnen, und wie sehr auch die Menge an ihre Wirksamkeit glauben mochte, er selbst zog es vor, sich in Demut der höchsten Macht zu fügen, von der allein dem Maha Yaka, wenn er wirklich Gewalt über die Schicksale des Menschengeschlechts besaß, dieselbe verliehen worden sein konnte. Zu jener Zeit war die Kokospalme im innern Ceylon noch unbekannt, fällt ja selbst heutzutage ihre Seltenheit jedem Reisenden auf, der das Zentrum des frühem Gebiets von Kandy besucht. Der resignierte Dulder hatte eines Tages mit besonderer Inbrunst sein Gebet verrichtet und den Vorschriften der buddhistischen Religion gemäß süßduftende Blumen dargebracht, da fiel er in einen tiefen Schlaf, der mehrere Tage lang anhielt. In der Verzückung erblickte er eine Wasserfläche, von der er trank, die er aber salzig und bitter fand, obwohl die Farbe in der Nähe ein wundervolles Grün, in der Ferne Blau gewesen war. Rings am Ufer wuchsen weite Wälder von seltsamen Bäumen, wie er sie nie

[6] Aus „Die Palmen". Populäre Naturgeschichte derselben. Von Dr. Berthold Seemann. 2. Auflage. Leipzig, Verlag von Wilhelm Engelmann, 1863.

zuvor gesehen. Denn statt sich wie die Bäume seines Vaterlandes vielfach zu verästeln, krönte ein Büschel ungeheurer Blätter die luftigen Wipfel jedes Stammes, der bis hoch, hoch hinan weder Zweige noch Laub trug. Aus der Verzückung erwachend, bewahrte der Rottah Rajah im tiefen Geiste den Eindruck dieses ungewöhnlichen Traumes; mit dem so natürlichen Glaubenseifer, den die Hoffnung auf Genesung ihm einflößte, begann er aufs neue Spenden und Gebete und blieb der Überzeugung, daß ein Wunder der göttlichen Allmacht ihm helfen werde. Eine Cobra di capello, die Naya der Singhalesen (Coluber Naja L.), der Buddhisten heilige Schlange, erschien ihm bald darauf; sie richtete ihre brillenartige Haube auf, hob den Kopf eine Elle über den Boden empor und blickte den Fürsten einige Augenblicke lang fest an; darauf züngelte sie mit der blauen Zunge und leckte, dreimal ihr Haupt beugend, Wasser von dem Blatte, worin dies für des Rajahs Gebrauch bereit stand. Nachdem das Tier so dreimal seinen Trunk geteilt, zog es sich, die Augen immer noch fest auf den Rajah geheftet, langsam ins Dickicht zurück. Dies war ein Beweis von Buddhas Gnade. Wiederum wurden des kranken Fürsten Augenlider schwer; seit er litt, hatte er den Entschluß gefaßt, keine andere Ruhestätte zu suchen als die, über welche ein schattender Bogaho (Ficus religiosa), der Baum, unter dem er jetzt ruhte, seine Zweige, wölbe. Und kaum hatte der Schlaf ihn zum zweiten Male zauberhaft gefesselt, da kehrte die Erscheinung wieder, aber dabei stand ein Greis, dessen Gesicht wie Mondenglanz strahlte.

Es war Maha Sudona, des guten Buddha Vater, der vor dem erstaunten Rajah stand und folgendermaßen zu ihm redete: „Weil du die Heiligkeit des Bodens, auf welchem des Gottes Lieblingsbaum seinen verehrten Schatten wirft, nicht kanntest, hast du einmal die Ehrfurcht vergessen, die ihm von allen geschaffenen Wesen gebührt. Sein tief gezacktes Blatt unterscheidet ihn von allen andern Bäumen als Buddha heilig, und deshalb liegst du jetzt unter einem andern Baume derselben himmlischen Art voll ekler Geschwüre, welche die Unreinheit des roten Wassers in den großen und kleinen Bächen deines Leibes auf der großen Gottheit Befehl äußerlich auf dich herabgerufen hat. Da aber die Schlange, die gütige Schlange, des Gottes Buddha Beschützer, als er auf Erden wandelte, dreimal deinen Trunk geteilt hat, so wird Gesundheit und langes Leben dir werden, wenn du den Befehlen gehorchst, deren Träger ich bin. In jener Richtung, — nach Süden deutend, — liegt die Hilfe. Eine hundertstündige Reise bringt dich zu jenen

Bäumen, die du im Traume sähest, die du wirklich sehen, deren Frucht du, dir zum Heile, schmecken sollst. Da sie aber nur unter dem Wipfel wächst, muß Feuer angewendet werden, sie zu erhalten. Ihr Inneres — halb klares Wasser, halb unschuldige Speise muß deine einzige Nahrung sein, bis der große Mond Maha Handah dreimal sein Licht gegeben, dreimal es genommen hat. Ist diese Zeit um, so wird dein Übel dich verlassen; du wirst wieder rein sein. Hast du aber die Gesundheit wiedererlangt, so vergiß nicht, Opfer von wohlriechenden Blumen und Früchten unter vielen Dankgebeten dem großen Brahma aller Brahmas[7] darzubringen, dem alle andern Götter, ja die Teufel selbst huldigen; durch dessen Gnade und Vergebung deiner Sünde und Übertretung die Kraft deines Körpers wiederhergestellt werden wird, und der die Tage deines Glückes im Glänze des mächtigen und flammenden obersten Mondbeherrschers verlängern will." Es klang wie der Ton von 10000 zugleich gerührten Tamtams; er schien dem entzückten Rajah die Besiegelung von des Boten göttlicher Sendung. Noch stundenlang hallte er in seinem Ohr, nachdem er aus diesem zweiten Traume erwacht war.

In dem festen Glauben, daß die unsichtbaren Mächte ihm nun ihren besonderen Schutz versprochen, daß es mithin strenge Pflicht für ihn sei, sich ihrem geheimnisvoll offenbarten Spruche zu fügen, legte der Fürst seine Hände quer über die Stirn und betete, tief zur Erde gebeugt, um Kraft, dem Ossah Pollah Dewyo, dem Schöpfer und Beherrscher aller Götter und Dämonen und der Weltfläche selbst, Gehorsam zu zollen. Er rief sein Gefolge aus den grünen Laubhütten, die es aus Zweigen und Blättern rings umher zu vorübergehendem Obdach errichtet hatte, zusammen und wiederholte ihm die prophetischen Worte des göttlichen Boten. Nachdem er dann unter dem Bogahobaum ein Sühnopfer von Früchten, Betelblättern und süßduftenden Blumen dargebracht, brach er mit den Seinigen in gerader Richtung durch Wälder, über Ströme und hohe Berge nach Süden hin auf, wie Maha Sudona ihm geboten. Die hundert Stunden Weges verflossen wunderbarerweise ohne irgend eine Ermüdung des Rajahs und seiner Leute, der ersehnte Anblick des grenzenlosen blauen Wassers, welches in seinen Träumen ihm so reizend und so bitter schmeckend mit den gewaltigen Wäldern Blattkronen tragender Bäume erschienen war, grüßte endlich, wie die Visionen vorhergesagt, seine staunenden und entzückten Blicke.

[7]Brahmata Brahma, ein Beiname Buddhas.

Unter dem Laube, geschützt vor der scheitelrechten Sonne, hingen dichte Fruchtbüschel, größer, als er sie jemals im Binnenlande geschaut; grün, gelb und rot[8] waren sie gefärbt, manche erschienen sogar schwarz. Keine menschlichen Wesen belebten die Küste, wohl aber Scharen wilder Tiere: Leoparden, Bären, Faultiere und Elefanten. Den Kokosbaum, die verheißene Quelle der Gesundheit, zu ersteigen, war noch nicht bekannt und schien über das Maß menschlicher Kraft hinauszugehen. Da aber Feuer als das Mittel, die Frucht zu erlangen, genannt worden war, so zündeten des Fürsten Diener ein solches an. Kaum hatte dies, dazu bestimmt, den Stolz des Gestades, das herrlichste Naturerzeugnis der indischen Welt, zu fällen, eine Stunde gebrannt, so stürzte der Baum mit furchtbarem Gekrach zu Boden; aus seiner gewaltigen Laubkrone krochen zahllose Geschöpfe hervor: große, blaue Skorpione, braune und gelbe Tausendfüße, vielfarbige Schlangen, von der Polanga bis zur weniger zu fürchtenden Mäusenatter, bunte Käfer, Taranteln und andre Spinnen, groß und klein und hundertfarbig, während von Blatt zu Blatt eilend die verhaßte Ratte mit der Lena, dem lieblichen, dreigestreiften Eichhörnchen dieses Paradieses der Welt, — dafür hielten es der frohe Rajah und sein Gefolge, — an Schnelligkeit zu wetteifern und seine Bewegungen nachzuahmen schien, Zwar kostete es anfangs einige Mühe, die neue Frucht zu öffnen, aber des Rajahs Wunderglaube war mächtiger als sein Hunger. Mit Ehrfurcht nahte er sich dem Strande, längs dem Welle auf Welle einander folgte, während die Brandung wütend gegen die Wurzeln der stattlichen Bäume anstürmte, die da am besten gediehen, wo kein andrer Fruchtbaum das Sprühen des salzigen Schaumes auch nur kurze Zeit ertragen zu können schien. Stumm vor Staunen beim Anblick des weiten Ozeans, dem er zum erstenmal sich nahte, beugte er sich nieder, das Wasser zu kosten. Er fand es so, wie die Vision verkündet hatte. Noch immer wuchs sein Erstaunen, aber sein Glaube blieb gleich groß, in der vollen Hoffnung, daß, „ehe der große Mond sein Licht dreimal gegeben und genommen haben werde", er von seinem bösen Leiden befreit und sein Mangel an Ehrfurcht vor dem heiligen Bogaho, welcher zuerst den Zorn des „Allsehenden" auf ihn herabgezogen, ihm vergeben sein werde. Wie sie begonnen, fuhren der Rajah und seine Diener fort, die vorgeschriebene Diät innezuhalten: jener aus Gehorsam gegen Buddhas Befehl, den Maha Sudona ihm überbracht,

[8]Die singhalesische Sprache hat keine Worte für braun, rötlich, orange, Scharlach und karminrot; alle diese Nuancen werden durch die eine Silbe „rat", rot, ausgedrückt.

diese aus Notwendigkeit, denn ihre gewohnten Früchte und Wurzeln und Reis fanden sie nicht in der Nachbarschaft des Meeres. Dafür aber fanden sie das Wasser in den Nüssen süß und köstlich rein wie das Bergkristall ihrer heimatlichen Felsen, während der fleischige Kern ihnen eine kühlende und nahrhafte Speise darbot.

Die vorgeschriebene Zeit ging vorüber, und jeder Tag überzeugte das glückliche Gefolge des kranken Fürsten von der Wahrheit des Götterspruches. Er verlor allmählich die weiße Schuppenhaut, die ihn umhüllt hatte wie der Harnisch des großen Ameisenfressers des Innern, und ein heißes Glühen, welches seine Glieder durchzuckte, tat ihm die bevorstehende versprochene Genesung kund. Voll Dankes gegen seinen erhabenen Retter vergaß er nicht, die im Traum ihm befohlenen Pflichten zu erfüllen. In den Granit des ersten Steinblocks, der dauerhaft genug und der Brandung unerreichbar sich zeigte, schnitt er als Zeichen des Dankes unter Beistand seines Gefolges sein eignes, gigantisches Bild. „Dasselbe, welches man noch jetzt sieht," fügt, der Berichterstatter hinzu. Er wollte durch seine riesige Größe die wunderbar ihm geschenkte Wiedergeburt bezeichnen, denn vorher war er sehr klein von Wuchs gewesen, „jetzt aber war er durch des Gottes der Götter Segen zu einer unverdienten Höhe der Glückseligkeit und Leibeskraft erwachsen; das Andenken hieran sollte auf Millionen noch Ungeborner kommen." Zahlreiche Familien aus dem Hochlande des Innern wanderten bald darauf nach der Küste aus; denn es war für den Rajah, den die Kokosnuß so wunderbar geheilt, Bedürfnis geworden, die Umstände, die ihn und sein Gefolge zuerst zu einer Kenntnis dieser herrlichen Frucht geführt, allen mitzuteilen; während die Überzeugung von ihrer nie genug zu rühmenden Nützlichkeit ihre Vermehrung als eine unversiegbare Quelle der nationalen sowohl als der persönlichen Glückseligkeit bezeichnete.

Dies ist die Tradition der Singhalesen, die Entdeckung eines Baumes betreffend, der nun überall unter den Tropen, am üppigsten jedoch in der Nähe des Meeres, nirgends lieber als wenige Fuß über der Fluthöhe, wächst.

Die Kokospalme ist eng an die Wendekreise gebunden; wo sie dieselben überschreitet, verliert sie an Schönheit und Ergiebigkeit. Auf den Sandwichinseln, gerade am Rande der heißen Zone, sieht sie weniger gut aus und liefert verhältnismäßig so wenig Früchte, daß ihre Nüsse zur Zeit des alten Götterkultus für ein so großes Gut galten, daß nur die Männer — in allen barbarischen Ländern die bevorzugte Klasse, davon essen durften.

Den Weibern war sogar verboten, sie zu berühren, bei Strafe des Zorns der Götter. Jahrhundertelang galt dieses Gesetz; im geheimen gewiß oft gebrochen, bis ein Häuptlingsweib kühn genug war, ihm zu trotzen, öffentlich die Rache der Götzenbilder herausforderte und so ihrem Geschlecht einen Genuß eroberte, den es solange hatte entbehren müssen.

11. Die Palmen.

Palmen (Palmae) gehören in die VI., XXI. und XXII. Klasse Linnés. Astlose, meist tropische Bäume, entweder mit fächelförmigen (d.h. mehr oder weniger kreisrunden, strahlig-gefalteten und zerteilten Blättern) oder mit gefiederten, bei der echten Sagopalme bis 8 m langen Blättern auf dem Gipfel des Stammes, gleichsam die Nadelwälder in den Tropenländern vertretend und Millionen Bewohnern die unentbehrlichsten Bedürfnisse liefernd: 1. Stämme dienen zum Baue von Wohnungen, Kähnen usw.; 2. Blätter zum Dachdecken; 3. Blattfasern zu Geweben und Flechtwerken; 4. die jungen Sprossen und Gipfelknospen zu Gemüse (Palmkohl); 5. die Früchte zu Nahrung und Brennöl; 6. das Mark mehrerer Arten als Nahrungsmittel (Sago); 7. der Saft zu Getränken (Palmwein). Die meisten Palmen gehören in die XXI. und XXII. Klasse des Systems von Linné.

12. Die Kokospalme.

Echte Kokospalme[9]

a Ganzer Stumm, verkleinert.

b Ein Zweig des Kolbens (obere Blüten männl., untere weibl. und nur wenige an Zahl).

c Frucht, Kokosnuß, eiförmig-dreiseitig.

d Dieselbe senkrecht durchschnitten, um die faserige, dicke Schale und den hohlen Kern mit der milchartigen Flüssigkeit zu zeigen.

[9]Aus Leunis, Leitfaden der Botanik.

Echte Kokospalme (Cocos nucifera). XXI. 6. Stamm 19-25m, unten 0,3-0,6m dick; Blätter 4-5,3m; Fiederblättchen schwertförmig. Im tropischen Asien dichte Waldungen bildend; fast nach allen Tropenländern verpflanzt, das ganze Jahr Früchte (Kokosnüsse) tragend, 10 bis 30 Stück an jedem Kolben.

Benutzung: 1. Nüsse roh und zubereitet als Speise; 2. Kokosmilch, d.i. das Endosperm, die weißliche Flüssigkeit, aus welcher später der Kern erhärtet, als kühlendes Getränk; 3. Kokosnußöl oder Palmöl, durch Auskochen und Auspressen der Kerne gewonnen, ein wichtiger Handelsartikel zu Arzneien, Seifenbereitungen (Kokosnußöl-Sodaseife) usw.; 4. Kokosnußschalen zu Gefäßen, Dosen, Knöpfen usw.; 5. Gipfelknospen (Palmherz) als Palmkohl; 6. Saft der Blütenkolben zu Palmwein.

13. Die Palmen in ihrer Beziehung zum Menschen.

Die Palmen,[10] schon von Linné als die Fürsten des Pflanzenreichs bezeichnet, liefern in ihren Heimatländern vielen Millionen Menschen die unentbehrlichsten Lebensbedürfnisse, die Existenz ganzer Völkerstämme ist aufs allerengste verknüpft mit der Ertragsfähigkeit dieser Pflanze. Wohl kaum hat ein Mitglied des großen Pflanzenreiches in der Kunst und Poesie, Geschichte und Religion eine so hervorragende Rolle gespielt wie die Palme. Schon in der klassischen Mythologie ist sie das Symbol der Schönheit und des Sieges und im Christentum erscheint sie speziell als das Sinnbild für den Sieg über den Tod, für die Auferstehung, wie ja auch ihr griechischer Name gleichbedeutend ist mit dem Phönix der Fabel, der aus seiner Asche wiedererstand. Die unendlich erhabenen, sich ewig gleichbleibenden Palmenhaine, ohne Abwechslung, ohne den erfrischenden Schatten unserer herrlichen Wälder mit ihrer anmutigen Schönheit, mit ihren stolzen, himmelanstrebenden Stämmen üben eine eigenartige, bedrückende Wirkung auf das Gemüt des Europäers aus. Ein gewisser, man möchte fast sagen dämonischer Zug, der der überwältigenden Schönheit einer tropischen Palmenlandschaft anhaftet, läßt auf die Dauer den Europäer unbefriedigt.[11]

[10]Aus Fünfstück, Pflanzenatlas.

[11]Der Kulturmensch ist infolge tausendjähriger falscher Lebensweise so nervös, zerfahren, daß ihn „die unendlich erhabene, sich ewig gleichbleibende Palmenschönheit" auf die Dauer nicht befriedigt. Er braucht Abwechslung: den Wandel der Jahreszeiten, des

14. Der Wert der Kokospalme.

Cocos nucifera L., Kokospalme, gehört zu den nützlichsten Pflanzen des ganzen Gewächsreichs. Die eigentliche Heimat der Kokospalme sind die Inseln und Küsten des Indischen und Stillen Ozeans, doch wird sie gegenwärtig in allen Tropenländern der Erde kultiviert. Sie wird bis zu 40 m hoch und erreicht ein Alter von ca. 100 Jahren; am fruchtbarsten ist sie im Alter von 25—30 Jahren. Die Früchte, als Kokosnüsse im Handel bekannt, liefern dem Eingebornen ein geradezu unentbehrliches Nahrungsmittel und erreichen die Größe eines Menschenkopfes. Die faserige Decke dieser Steinfrüchte findet als Gespinstmaterial, Flechtwerk usw. in der Technik die mannigfachste Verwertung. Der sehr angenehm schmeckende Kern (Samen) wird von einer reichlichen Menge Flüssigkeit, der sogen. Kokosmilch, umgeben, welche, frisch genossen, sehr gesund ist und einen erquickenden Geschmack besitzt; eine einzige Nuß ist für das tägliche Nahrungsbedürfnis eines Menschen ausreichend. Bei der völligen Fruchtreife ist die Milch verschwunden, der weiche Kern ist hart und unschmackhaft geworden. Das Öl aus dem Samen ist bei uns offizinell, auch dient es zu verschiedenen technischen Zwecken. Der Saft der unentwickelten Blütenstände liefert den bekannten Palmenwein, ein angenehmes, säuerlich-süßes, berauschendes Getränk, während die jungen Blätter als Gemüse (Palmenkohl) gegessen werden. Aus den ausgewachsenen Blättern fertigt der Eingeborne Hüte, Sonnenschirme, Siebe, Fächer, Körbe, sogar eine Art Papier, auf welches mit Griffeln aus Bambus geschrieben wird. So liefert die Kokospalme dem Bewohner ihrer Heimat alles, was er zum Leben braucht, sie speist, tränkt, kleidet und erheitert ihn, verschafft ihm seine Wohnung, Hausgeräte usw.

15. Der ästhetische Eindruck der Palmen und der Bananen.

Wir beginnen mit den Palmen,[12] den höchsten und edelsten aller Pflanzengestalten; denn ihr haben stets die Völker (und die früheste Menschenbil-

Lichtes, der Wärme, der Natur. B. u. E.

[12]Der folgende Text ist Alexander v. Humboldts „Ideen zu einer Physiognomik der Gewächse" entnommen. S. gesammelte Werke von A. v. H. XI. Band: Ansichten der Natur. Cotta, Stuttgart.

dung war in der asiatischen Palmenwelt wie in dem Erdstriche, welcher zunächst an die Palmenwelt grenzt) den Preis der Schönheit zuerkannt. Hohe, schlanke, geringelte, bisweilen stachlige Schäfte endigen mit anstrebendem, glänzendem, bald gefächertem, bald gefiedertem Laube. Die Blätter sind oft grasartig gekräuselt. Der glatte Stamm erreicht, von mir mit Sorgfalt gemessen, 180 Fuß (58 in) Höhe. Die Palmenform nimmt an Pracht und Größe ab vom Äquator gegen die gemäßigte Zone hin. Europa hat unter seinen einheimischen Gewächsen nur einen Repräsentanten dieser Form, die zwergartige Küstenpalme, den Chamärops, der in Spanien und Italien sich nördlich bis zum 44. Breitengrade erstreckt. Das eigentliche Palmenklima der Erde hat zwischen $20\frac{1}{2}°$ und $22°$ R mittlerer jährlicher Wärme. Aber die aus Afrika zu uns gebrachte Dattelpalme, welche weit minder schön als andere Arten dieser Gruppe ist, vegetiert noch im südlichen Europa in Gegenden, deren mittlere Temperatur $12—13\frac{1}{2}°$ beträgt. Palmenstämme und Elefantengeripp liegen im nördlichen Europa im Inneren der Erde vergraben; ihre Lage macht es wahrscheinlich, daß sie nicht von den Tropen her gegen Norden geschwemmt wurden, sondern daß in den großen Revolutionen unseres Planeten die Klimate wie die durch sie bestimmte Physiognomie der Natur vielfach verändert worden sind.

Zu den Palmen gesellt sich in allen Weltteilen die Pisang- oder Bananenform, die Scitamineen und Musacceen der Botaniker, Heliconia, Amomum, Strelitzia, ein niedriger, aber saftreicher, fast krautartiger Stamm, an dessen Spitze sich dünn und locker gewebte, zartgestreifte, seidenartig glänzende Blätter erheben, Pisanggebüsche sind der Schmuck feuchter Gegenden. Auf ihrer Frucht beruht die Nahrung fast aller Bewohner des heißen Erdgürtels. Wie die mehlreichen Zerealien, oder Getreidearten des Nordens, so begleiten Pisangstämme den Menschen seit der frühesten Kindheit seiner Kultur. Semitische Sagen setzen die ursprüngliche Heimat dieser nährenden Pflanze an den Euphrat, andere mit mehr Wahrscheinlichkeit an den Fuß des Himalayagebirges in Indien. Nach griechischen Sagen waren die Gefilde von Enna das glückliche Vaterland der Zerealien. Wenn die sikulischen Früchte der Ceres, durch die Kultur über die nördliche Erde verbreitet, einförmige, weitgedehnte Grasfluren bildend, wenig den Anblick der Natur verschönern, so vervielfacht dagegen der sich ansiedelnde Tropenbewohner durch Pisangpflanzungen eine der herrlichsten und edelsten Gestalten.

16. Wie befreien wir uns von der Sorge für die Kleidung.

> Warum sorget Ihr für die Kleidung? Schauet die Lilien auf dem
> Felde, wie sie wachsen; sie arbeiten nicht, auch spinnen sie nicht.
> Ich sage Euch, daß auch Salomo in aller seiner Herrlichkeit nicht
> bekleidet gewesen ist, als eine von ihnen. Wenn nun Gott das
> Gras auf dem Felde also kleidet, das doch heute stehet und
> morgen in den Ofen geworfen wird, sollte er nicht vielmehr Euch
> kleiden, o Ihr Kleingläubigen. Darum sollt Ihr nicht sorgen und
> sagen, womit werden wir uns kleiden. (Ev. Matth. VI, 28-31.)

> Und sie waren beide nackt, der Mann und sein Weib, und schäm-
> ten sich nicht. (1. Mos, 11,25.)

Jedenfalls nicht dadurch, daß wir, wie es Deutschland gegenwärtig macht,
mit aller Energie Baumwolle in unsern Kolonien produzieren. Oder dadurch,
daß wir, wie Professor Rehbock im „Tropenpflanzer"[13] vorschlägt, die regen-
armen Gebiete der Subtropen durch künstliche Bewässerung der extensiven
Viehzucht zugänglich machen und so die Produktion an Wolle und Leder
vermehren. Auf diese Art können wir höchstens der Gefahr vorbeugen, daß
wir eines Tages nicht genug Material haben, um uns alle hinreichend zu
kleiden. Wir schaffen aber keineswegs die Sorge um die Kleidung aus der
Welt. Um dies zu tun, müssen wir die Kleidung selbst möglichst verringern
bzw. ganz abschaffen. Wollen wir sehen, ob wir das können.

Welchen Zwecken dient die Kleidung? Erstens: dem Schutz vor Wind
und Wetter, vor Regen und Kälte. Zweitens: dem Bedürfnisse des Scham-
gefühls, zur Bedeckung der Blöße. Drittens: der Putzsucht und Eitelkeit,
dem Bedürfnis, etwas aus sich zu machen: Kleider machen Leute. Vier-
tens: zur Bezeichnung des Standes und Berufes: Militär- und Ziviluniform,
Bergmannstracht, Mönchskutte, Uniform des gemeinen Soldaten und Un-
teroffiziers im Vergleich zu der des höheren Offiziers, der niedern und hö-
hern Zivilbeamten usw. Die Samoaner und die andern Südsee-Insulaner,
die Singhalesen und Sunda-Insulaner, die Indianer am Orinoko und am
Amazonenstrom, die Eingeborenen Zentral- und Südafrikas und nicht zum

---

[13]Der Tropenpflanzer, Zeitschrift für Tropische Landwirtschaft, Organ des Kolonial-
Wirtschaftlichen Komitees der Deutschen Kolonialgesellschaft.

wenigsten die Freunde des Lichtluftbades, wie sie heutzutage zu Tausenden in allen Kulturländern ins Dasein treten — sie alle beweisen uns zur Genüge, daß unsere leibliche Haut vollständig als Schutz gegen Wind und Wetter genügt.

Was den Schutz der Kleidung vor der Kälte anbelangt, so hat Gott seinen Sonnengarten, die Tropen, groß genug gemacht, um alle Menschen beherbergen zu können, und es ist äußerst unklug und unökonomisch von uns, wenn wir kalte Länder als unsere Heimat betrachten lediglich deshalb, weil unser Vater, unsere Großmutter, unsere Urahnen so unvernünftig waren, ihr ganzes Leben in so licht- und wärmearmen Erdstrichen zu verbringen. Nicht das Land ist unser Vaterland, in das unsere Ahnen politischer oder ökonomischer oder religiöser oder pathologischer Gründe halber gezogen sind, sondern jenes Land, das uns die beste geistige und körperliche Entwicklung garantiert, das uns jahraus, jahrein die gesündeste Nahrung im reichsten Maße spendet. Wir müssen den engherzigen Gesichtspunkt der Nationalpolitik mit dem die ganze Welt übersehenden Gesichtspunkt der Kosmo- oder Sonnenpolitik vertauschen.

Wir sagten schon, für den gesunden und klaren Geist ist die Welt ein durchaus ästhetisches Kunstwerk. Gott hat den Menschen ohne Kleidung geschaffen und schafft ihn täglich aufs Neue ohne Kleidung. Der Mensch kann nichts besser machen als sein Schöpfer. Gibt er ihm die Kleidung nicht mit in die Wiege, so braucht er sie auch nicht. Braucht sie der Mensch, um seine Scham zu verhüllen, so beweist das nur, daß die Scham ein widernatürliches Gefühl ist. Wir können uns nur vor. etwas Menschenunwürdigem schämen. Die Natur hat uns nicht menschenunwürdig geschaffen. Sie schuf uns als reine Menschen. Der Abfall von Gott oder von der Natur trug die Disharmonie in unser Wesen. Er erzeugte das Tier, die Bestie in uns. Kehren wir zur Natur, ins Sonnenland und zur Sonnenspeise zurück! Werden wir wieder reine Menschen, dann wird das Tier, der alte Adam in uns sterben und mit ihm die Scham und das Bedürfnis, seine Blößen zu verhüllen. Dem Reinen ist alles rein.

Die Kleidung dient ferner der Putzsucht und Eitelkeit. Die Kleidung lebt von der Minderwertigkeit des Menschen. Der Dekadent, der Schwächling, die Menschenkarikatur hat ein Recht auf Kleidung. Er hat ein Recht, seine Schwäche, seine Erbärmlichkeit zu verhüllen, zu beschönigen. Die Schwäche lebt von der Lüge. Je weniger ein Mensch in sich hat, je weniger er ist, je hohler er ist, um so mehr muß das Außer-ihm das In-ihm ersetzen.

Um so mehr müssen schöne, auffallende Kleider dazu herhalten etwas aus ihm zu machen. Je mehr der Mensch zur Natur, zum Leben, zur Sonne zurückkehrt und so Kraft und Leben in sich erzeugt, um so mehr wird er zur strahlenden Sonne. Das Bedürfnis zu strahlen, Leben auszuströmen, verträgt sich nicht mehr mit der Kleidung. Der Sonnenmensch wirft, einem inneren Drange folgend, die Kleidung weg. Wo ihn die Kälte des Klimas daran hindert, wird er zum Feinde dieses kalten Klimas. Er flieht den Winter und eilt der Sonne entgegen.

Der kokovore Sonnenmensch ist der Mensch, wie er sein soll. Er ist die Einheit und die Einfachheit selbst. In Harmonie mit seinem göttlichen Vater lebend, empfängt er alles direkt aus der Hand seines Gottes, der allgütigen Sonne, ist er unabhängig von der Hilfe und Arbeit seiner Mitmenschen. Er braucht keine Nahrungsmittelproduzenten und Lieferanten, er braucht keinen Schneider und Baumeister, er braucht keinen Seelsorger und Rechtsanwalt, er braucht kein Militär und keine Polizei. Er ist alles in einer Person. Und daß er das ist, verrät er durch die göttliche Würde und Milde seines Äußern. Er braucht keine Kleidung zum Ausdruck seines Wertes. Sie würde ihn nur entwerten. Er braucht sie auch nicht, um den Wert des andern zu erkennen. Als in Gott lebend, sieht er in das Herz der Menschen. Er ist der Psycho-Physiognomiker, der Menschen- und Naturkenner par excellence.

Wir haben gesehen, die Kleidung ist für den gesunden Menschen durchaus überflüssig, sie ist ein Produkt des kranken Geistes, der in seiner Verblendung, in seiner Verrücktheit das heiße Klima mit dem kalten vertauschte, neben dem Menschen in sich die geile, gierige Bestie groß zog, statt lebendiger Palmenkerne totes, faulendes Muskelfleisch, gekochte Blätter und gebackene, tote Körner als Baumaterial für seinen Körper benutzte und, aller Fern- und Tiefenwirkung bar, alle Dinge etikettieren und, mit Namen versehen muß, um zu wissen, womit er es eigentlich zu tun hat.

Noch ein Wort über das Wesen der Kleidung. Was ist die Kleidung? Ein Nicht-Ich, ein Fremdes, ein Fremdstoff. Eine künstliche, gestohlene, tote Haut. Zerlumpte Kleider nennen wir Lumpen. Gute Kleider sind ganze Lumpen. Sie sind ein tragbarer Sarg des Lebens. Der Kleidermensch ist tatsächlich lebendig begraben. Darum sagen wir nicht mit Jäger: tragt Wolle, die hat sich in den Tropen so gut wie am Nordpol bewährt, oder mit Lahmann: tragt poröse Baumwollstoffe, oder mit Mohr: tragt meine

Netzgewebe, oder mit Kneipp: tragt leinene Hemden und Unterkleider —
nein, fort, fort mit der Menschen Hilfe und der Menschen Rat. — Wir sagen: Lebet so, wie euch Gott geschaffen hat, und wenn es das Klima, in
dem ihr lebt, nicht zuläßt, daß ihr nackig seid, dann gehört ihr einfach
nicht in dieses Klima. Dann seid so vernünftig wie die Zugvögel im Herbst
und kehret der Kälte und dem Winter den Rücken und werdet wieder, was
ihr sein sollt, wozu euch Gott bestimmt hat, Lichtluftgeschöpfe, lachende
Sonnenkraft-Akkumulatoren.

Eine würdige Aufgabe für einen modernen Statistiker: Welchen Raum
würde die in eine Fläche ausgebreitete Haut der gesamten kleidertragenden
Menschheit bedecken, und welche Summe von Sonnenenergie könnte diese
Hautfläche vermittels ihrer Träger im Laufe eines Jahres in den Tropen
absorbieren?

Wieviel Milliarden gibt die kleidertragende Menschheit jährlich für Kleidung, Wohnung und Heizung aus als Ersatz für die von der Tropensonne
kostenlos gelieferte Lebensenergie? Auch hier gilt wieder, was wir bei der
Nahrung gesagt haben, mit entsprechender Abänderung.

In den feuchtheißen Tropen leben ist die Kunst, mit einem Minimum
von Kraft, Zeit und Geld sich in der gesündesten, besten und haltbarsten
Weise zu kleiden. Sich von dem Äquator entfernen und den Polen nähern
heißt: sich für viel Kraft, Zeit und Geld immer mehr lebendig begraben,
heißt: leben, um zu sterben.

Die meisten europäischen Großmächte, auch einige kleinere Staaten haben ausgedehnte Tropenkolonien. Sie alle und insbesondere die verschiedenen Missionen rechnen es sich als besonderes Verdienst an, den bedürfnislosen Eingeborenen bedürfnisreich, anspruchsvoll zu machen. Seine erhöhten
Bedürfnisse sind für den Europäer von doppeltem Nutzen. Sie steigern die
Ausfuhr des Vaterlandes und zwingen den Eingeborenen zu arbeiten, um
das nötige Geld bzw. die nötigen Waren zu verdienen. Ein Hauptbestreben
der kulturbringenden Nationen ist, die göttliche Nacktheit des Naturkindes
durch die tödliche Kleidung des Kulturmenschen zu verdrängen. Vor mir
liegt ein Artikel des „Tropenpflanzers" vom Juli 1905: Absatzgelegenheit
nach dem britischen Schutzgebiet Uganda. Er ist typisch für alle koloni-
sierenden Nationen. „Nach einem Berichte der Verwaltung der britischen
Kolonie Uganda hat dort die Verbreitung europäischer Kulturelemente unter der einheimischen Bevölkerung bedeutende Fortschritte gemacht. Es ist

bereits eine Anzahl Häuser aus Ziegel und Eisen gebaut worden, und die Verwendung von Möbeln und sonstigen Bedarfsartikeln nimmt daselbst zu. Die ärmere Bevölkerung trägt in immer größerer Zahl statt der alten Kleidung aus Rinde Baumwollstoffe, benützt Petroleum für ihre Hütten, Emaillegeschirre für ihre Speisen, Schuhwerk zur Fußbekleidung und verwendet auch sonstige billige europäische Fabrikate. Von Uganda selbst verbreiten sich diese Kulturfortschritte in die benachbarten Distrikte."

Die segensreichen Wirkungen dieser Kulturfortschritte schildert uns Georg Wegener in seinem „Deutschland im Stillen Ozean" (1903). Er schreibt da über die Bevölkerung der Marshallinseln: „Sicher ist jedenfalls, daß die Inseln ungemein dicht bevölkert sind bis an die Grenze der Lebensmöglichkeit. Bestand doch früher ein Gesetz, wonach jedes über die Dreizahl hinausgehende Kind in einer Familie getötet werden mußte, um einem noch größeren Anwachsen der Bevölkerung vorzubeugen. Heutzutage ist das nicht mehr zu befürchten; im Gegenteil, wie auf den Karolinen ist die Bevölkerung in der Abnahme begriffen. Die Gründe dafür sind im wesentlichen wie dort: große Unsittlichkeit und verfrühter geschlechtlicher Verkehr und verstärkte Disposition zu Erkältungskrankheiten durch die ihnen aufgeredete europäische Tracht. Auf den nördlichen Inseln, die ursprünglicher geblieben sind, gelten die Eingeborenen für erheblich gesünder und kräftiger, und von der isolierten Insel Nauru berichtet die letzte Denkschrift der Regierung aus dem Jahre 1890/91 einen Zuwachs von 1318-1476 Personen, und sie führt diese Vermehrung ausdrücklich zurück auf die sorgfältige Absperrung von dem Verkehr, mit der verseuchten Bevölkerung der Marshall-Insulaner und zweitens auf den Umstand, daß die Nauru-Leute die Sitte, den Körper mit Kokosnußöl einzureiben und als Bekleidung nur einen Grasschurz zu tragen, noch nicht aufgegeben haben" (Seite 82, 83).

Bezüglich der Verminderung der Volkszahl auf den Karolinen schreibt Wegener (S. 73): „Nicht minder hat auch die Mission einen Teil der Schuld an diesem Untergange, deren Idee, daß die natürliche Tracht der Eingeborenen etwas Unsittliches und europäische Verhüllung die erste Bedingung der Gottwohlgefälligkeit sei, diese Naturkinder hier wie auf anderen Inseln zu einer für sie durchaus ungesunden Bekleidung nötige. Fortwährende Erkältungskrankheiten sind die Folge davon und raffen die Eingeborenen vorzeitig in Menge dahin."

Nicht alle Naturvölker sind für die „Segnungen" der Kultur so empfänglich wie die Eingeborenen in Britisch-Ostafrika und in Deutsch-Australien. Humboldt berichtet im 2. Band seiner Reise in die Äquinoktialgegenden[14] von den Chaymas, einem Indianerstamme Venezuelas, sie hätten, wie alle halbwilden Völker in heißen Gegenden, eine entschiedene Abneigung gegen Kleider. Er sagt weiter: Von mittelalterlichen Schriftstellern hören wir, daß im nördlichen Europa die Hemden und Beinkleider, welche die Missionare austeilten, nicht wenig zur Bekehrung der Heiden beigetragen haben. In der heißen Zone dagegen schämen sich die Eingeborenen, wie sie sagen, daß sie Kleider tragen sollen, und sie laufen in die Wälder, wenn man sie zu früh nötigt, ihr Nacktgehen aufzugeben. Bei den Chaymas bleiben, trotz des Eiferns der Mönche, im Innern der Häuser Männer und Weiber nackt. Wenn sie durch das Dorf gehen, tragen sie eine Art Hemd aus Baumwollenzeug, das kaum bis zum Knie reicht. Es kam vor, daß wir Eingeborenen außerhalb der Mission begegneten, die namentlich bei Regenwetter ihr Hemd ausgezogen hatten und es aufgerollt unter dem Arm trugen. Sie wollten sich lieber auf den bloßen Leib regnen als ihre Kleider naß werden lassen. Die ältesten Weiber versteckten sich dabei hinter die Bäume und schlugen ein lautes Gelächter auf, wenn wir an ihnen vorüber kamen. Die Missionare klagen viel, daß das Schamgefühl bei den jungen Mädchen nicht viel entwickelter sei als bei den Männern. Über den veredelnden Einfluß des rasseverbessernden Nacktgehens äußert sich Humboldt in folgender Weise; Männer und Weiber der Chaymas sind sehr muskulös, aber der Körper ist fleischig mit runden Formen. Ich brauche kaum zu sagen, daß mir nie ein Individuum mit einer natürlichen Mißbildung aufgestoßen ist; dasselbe gilt von den vielen tausend Kariben, Muyscas, Mexikanern und Peruanern, die wir in fünf Jahren gesehen. Dergleichen Missbildungen sind bei gewissen Kassen ungemein selten, besonders aber bei Völkern, deren Hautgewebe stark gefärbt ist. Ich kann nicht glauben, daß sie allein Folgen höherer Kultur, einer höheren Kultur und der weichlicheren Sittenverderbnis sind. In Europa heiratet ein sehr buckliges oder sehr häßliches Mädchen, wenn sie Vermögen hat, und die Kinder erben häufig die Missbildungen der Mutter. Im wilden Zustand, in dem zugleich vollkommene Gleichheit herrscht, kann nichts einen Mann vermögen, eine Mißbildete oder sehr Kränkliche zum Weibe zu nehmen. Hat

---

[14]Humboldt, Reise in die Äquinoktialgegenden, 2. Band, Verlag J. G. Cotta, Stuttgart, S. 15 und 16.

eine solche das seltene Glück, daß sie das Alter der Reife erreicht, so stirbt sie sicher kinderlos. Man möchte glauben, die Wilden seien alle so wohlgebildet und so kräftig, weil die schwächlichen Kinder aus Verwahrlosung früh wegsterben und nur die kräftigen am Leben bleiben. Aber dies kann nicht von den Indianern in den Missionen gelten, welche die Sitten unserer Bauern haben, noch auch von den Mexikanern in Cholula und Tlascala, die in einem Wohlstand leben, den sie von zivilisierten Vorfahren ererbt.

Wenn die kupferfarbige Rasse auf allen Kulturstufen dieselbe Starrheit zeigt, dieselbe Unfähigkeit, vom ursprünglichen Typus abzuweichen, so müssen wir darin doch wohl großenteils angeborene Anlage erblicken, das, worin eben der eigentümliche Rassencharakter besteht. Ich sage absichtlich großenteils, weil ich den Einfluß der Kultur nicht ganz ausschließen möchte. Beim kupferfarbigen Menschen wie beim weißen wird der Körper durch Luxus und Weichlichkeit geschwächt, und aus diesem Grunde waren früher Missbildungen in Cuzco und Tenochtitlan häufiger; aber unter den heutigen Mexikanern, die alle Landbauern sind und in größter Sitteneinfalt leben, hätte Montezuma nimmermehr die Zwerge und Buckligen aufgetrieben, die Bernal Díaz bei seiner Mahlzeit erscheinen sah.

Wäre sich Humboldt über das Wesen der Kleidung, wie wir es vorhin geschildert haben, klar gewesen, so hätte er das Fehlen von Individuen mit einer natürlichen Mißbildung unter den genannten Völkern weniger auf das Konto des Rassencharakters, sondern in erster Linie auf das Konto der Nacktheit geschrieben. Bei den nackten Völkern spielt die natürliche Auslese eine ungemein große Rolle. Bei den Kleider- oder Kulturvölkern wird der lebendige Körper vom materiellen Besitz verdrängt. Die Millionärstöchter sind die gesuchtesten. Sie haben das Recht, unschöne Gesichter und mißbildete Körper zu haben. Zunehmender Kleiderkultus hat zunehmende Degeneration zur Folge. Rückkehr zur Nacktheit und in die sie ermöglichenden Tropen und Regeneration der Menschheit gehen Hand in Hand. Die Kleidung wirkt körperentwertend und damit geistvernichtend. Ein gesunder Geist wohnt nur in einem gesunden Körper. Die Nacktheit wirkt körperwertend und damit geisterzeugend. Sie wirkt nicht verwildernd, sie wirkt veredelnd, verschönernd, vergeistigend. Es stünde unendlich viel besser um die Menschheit, wenn sie die ungeheure Summe von Kraft und Zeit und Geld, die sie jahraus, jahrein für die Erzeugung von Wolle und Seide, für Baumwolle und andere Spinnfaserpflanzen, ferner für die Herstellung der Gewebe, für die Verfertigung der Kleidungsartikel, für deren Schönheit und Sauberkeit verwendet, der Pflege ihres Körpers und ihrer Haut zugute kommen ließe, eine ungeheure Sorgenlast fiele damit von den Schultern der Menschheit. Unendlich würde sich das Maß ihrer Leiden vermindern, das Maß ihres Glückes vermehren. Als Beleg für die außerordentliche Wichtigkeit des Nacktlebens möchte ich folgende Äußerung Humboldts über die Chaymas anführen: „Männer und Weiber baden täglich, und da sie fast immer nackt gehen, so kann bei ihnen die Unreinlichkeit nicht aufkommen, die beim gemeinen Volke in kalten Ländern vorzugsweise von den Kleidern herrührt."

17. Wie befreien wir uns von der Sorge um die Wohnung?

Die Lösung dieser Frage geht Hand in Hand mit der Befreiung von der Kleidungssorge. Die Wohnung ist nichts anderes als ein feststellendes, unbewegliches und untragbares Kleid. Eine Ausnahme bilden das Zelt des Soldaten und des Nomaden. Die Schlaf- und Speisewagen, unsere modernen Dampfschiffe und die fahrende Wohnung des. Zigeuners zeichnen sich durch große Beweglichkeit aus. Hier bewegt sich der Mensch mit der Wohnung. Beim Kleid die künstliche Haut mit dem Menschen.

Welchen Zwecken dient die Wohnung? In erster Linie bietet sie Schutz vor Wind und Wetter und vor den Unbilden des Klimas. Ferner ist sie ein Schutz des materiellen Besitzes, ein Schutz vor menschlichen und tierischen Feinden. Sich von der Wohnungssorge befreien heißt: in einem Klima leben, vor dem man sich nicht zu schützen braucht, den materiellen Besitz durch die Rückkehr zur ewig spendenden Sonne fast überflüssig zu machen — die Bedürfnislosen haben am wenigsten die Diebe zu fürchten —, seine geistigen Kräfte durch eine reine Lebensweise so zu stärken, daß sie uns zu wahren Herren des Tieres machen, in einer Vegetation zu leben, die ununterbrochen das Material zum Bau einfachster Hütten in reichstem Maße liefert, d.h. im tropischen Ur- bzw. Palmenwalde.

Wie uns der Winter in jeder Weise der Natur entfremdet hat, so tat er es auch in Bezug auf die Wohnung. Im Reiche des Winters wird die Natur auf den Kopf gestellt. In ihm ist das Unnatürlichste das Natürliche. Er macht uns zu Raubtieren, die mit freudiger Gier dampfende Stücke von Tierleichen verzehren, um möglichst rasch das Gefühl neuer Kraft und Wärme in dem vor Kälte zitternden Körper zu erzeugen. Er nötigt uns, die dicksten und schwersten Kleider zu tragen, uns lebendig einzusargen. Er zwang uns, Stein und Eisen den Tiefen der Erde zu entnehmen und verdrängte das weniger widerstandsfähige, allzu leicht entzündliche Holz als Baumaterial. Er gesellte der Küche für den Magen die Küche für die Lunge, den Ofen, der Küche für das Hirn, die Lampe bei. Künstliche Nahrung, künstliche Haut, künstliche Luft, künstliches Licht, eine künstliche Welt — mein Haus ist meine Welt, sagt die emsige Hausfrau — schufen künstliche Menschen, Menschen, die sich auf zehn- und hunderttausend Krücken mühsam durchs Leben schleppen, Menschen, deren Leben nichts weiter ist als ein Sichabmühen zwecks Beschaffung und Befriedigung all dieser künstlichen Bedürfnisse, die doch nichts weiter sind als ebenso viele Nägel zu unserm Sarge. Künstliche Puppen, die ihr ganzes Leben lang an ihrem Sarge arbeiten — das sind die Menschen von gestern und heute. Und was werden die Menschen von morgen und übermorgen sein? Heitere, jauchzende Sonnenkinder, die nichts zu ihrem Leben brauchen als Sonnenlicht von außen — die Tropensonne — und Tropenlicht von innen — die Kokosnuß. Tropische Sonnenkraftakkumulatoren, Sonnenkrafttransformatoren, Sonnenabsorptions- und Sonnenstrahlapparate, — das werden sie sein. Gütige, helfende, geistvolle Sonnen in Menschengestalt zu sein, das ist der wahre Beruf des Menschen. Das heißt: Mensch sein.

Kehren wir zur Wohnungssorge zurück. Wir sahen sie wird um so größer, je unnatürlicher der Mensch lebt, je mehr er sich vom Äquator entfernt und hierdurch genötigt wird, den lichtvollen warmen Sonnentempel mit der finstern kalten Erdhöhle, genannt Haus, zu vertauschen. In den Tropen leben heißt: auf die billigste, gesündeste und schönste Weise wohnen.

Lieber Leser! Frage dich, was gebe ich jährlich für Wohnung und Heizung aus. Welche Summe brauche ich demnach für mein ganzes Leben? Wieviel Jahre muß ich arbeiten, um mir diese Summe zu verdienen. Wozu würde ich das Geld verwenden, wenn ich nichts für Wohnung und Heizung zu bezahlen hätte. Was gewinne ich in letzter Linie durch die Verwendung dieser Summe für Wohnung und Heizung? Was ist die Wohnung weiter als eine künstliche Gruft, ein Grab des Lebendigen? Was ist eine Stadt weiter als ein System von Steinschluchten, von Canons, das unselige Höhlen, Felsengräber enthält. Die Ägypter hatten Gräberstädte für ihre toten Mumien.

Wir haben Gräberstädte für unsere lebendigen Mumien, für unsere künstlichen Puppen. Kann man sich bei solchen Lebensverhältnissen wundern, daß die Menschen so kalt und tot sind, und daß sie die einfachsten Dinge am schwersten verstehen? Daß sie den Sinn und das Gefühl für die leichten ätherischen, lichtvollen Mächte und Kräfte fast ganz verloren haben, daß sie nur noch für Massenwirkungen empfänglich sind und auf sie schwören. Nein, bei der Sonne, das kann uns nicht wundernehmen. Wer tote Speise ißt, eine tote Haut trägt, in einer toten Gruft lebt, tote Luft atmet — der kann nicht Leben ausströmen. Wer Tod einnimmt, muß Tod ausgeben. Wo der Kulturmensch kolonisierend vordringt, sterben die Naturvölker dahin. Er verbreitet eine Aura von Gift und Tod um sich.

Über die länderverwüstende Wirkung der Städte. Nicht will ich reden von der Schlechtheit städtischer Staubluft und ihrem degenerierenden, ertötenden Einfluß auf die Tier- und Pflanzenwelt, die in den Städten und in ihrem Umkreise lebt. Die Städte sind ungeheure Holzfresser. Der Bau der Häuser, die Heizung, all die Fabriken und vielerlei Gewerbe, vor allem die Möbel- und Wagenindustrie verbrauchen Jahr für Jahr ungeheure Mengen Holz. Riesige Waldflächen sind die ständigen Opfer dieses Bedarfs. Einem Lande mehr und mehr seine Wälder nehmen heißt: es versteppen, versanden, verwüsten. Das Getreide- und Kartoffelfeld ist kein Ersatz für den Wald. Beide sind Steppenbildner, Regenminderer, Landverwüster, um so mehr, als sich ihre Früchte nur im gekochten Zustande genießen lassen und hierdurch nur die Waldverwüstung steigern. So gräbt sich der waldverwüstende Feldbau selbst sein Grab. So arbeiten Städte und Getreidefelder an ihrer eigenen Vernichtung und an der Verdrängung des Menschen aus ihrem Bereiche, sie treiben ihn hinab in jene Zonen, wo der regenliebende Wald zugleich der nährende Wald ist, wo ihn die immer Wärme spendende Sonne als Holzlieferant fast überflüssig macht.

Der nährende Wald. Der Früchte tragende Palmenhain, der Kokos-, der Menschenpalmentempel, — das ist die natürliche Wohnung des Menschen, Eine Wohnung, wie man sie sich göttlicher nicht denken kann. Mit der Erhabenheit unserer steinernen Dome vereinigt er die edle Schönheit griechischer Tempel, mit der Natürlichkeit und Lebendigkeit des nordischen Tannen- und Laubwaldes verbindet sich die Nützlichkeit und Fruchtbarkeit der Getreidefelder kühlerer Zonen. Noch mehr. Alles ist gesteigert durch die unerschöpfliche Lebens- und Produktionskraft der Sonne. Die von der

Sonne gebaute Palmenstadt, der edle Kokoshain, das ist die Stadt der sorgenfreien Zukunft.

18. Der sorgenlose Mensch.

„Alle Eure Sorgen werfet auf Ihn, denn Er sorget für Euch." (1. Petr. 5,7)

Ein Mensch, der sich nach unserer Anweisung von den Sorgen um Nahrung, Kleidung und Wohnung befreit hat, ist sorgenlos. Nicht, daß er nur darauf bedacht wäre, jeden Tag seine Kokosnuß zu haben und nachts nicht eingeregnet zu werden! Nicht, daß er sich sonst um nichts weiter kümmere, im Gegenteil. Der Bedürfnisloseste ist auch der Schaffendste. Anspruchslos gegen sich selbst, steht seine ganze Kraft und Zeit, seine riesige Lebensfülle und sein gutes Herz seinen Mitmenschen zur Verfügung. Die Wahrheit und Natürlichkeit seines Lebens verleiht ihm den klarsten und tiefsten Geist: So wird er zum weitschauenden Propheten, zum helfenden Menschenbruder, zum reformierenden Christus. Je mehr die Menschheit aus ihren toten, unnatürlichen Verhältnissen zu ihrer himmlischen und irdischen Mutter, zur Tropensonne und zur Kokospalme, zurückkehrt, um so mehr wird sich die Erde zum Paradiese wandeln. Das irdische Paradies ist die logische, volkswirtschaftliche und natürliche Notwendigkeit der Menschheitsentwicklung.

Das lachende unsterbliche Sonnenkind ward zum sterbenden, jammernden Erdenkinde. Es hatte die Sonne verlassen und mit ihr Leben, Glück und Freude. Es ward ein Diener der Erde. Die gab ihm Leiden, Schmerz und Tod, so unendliche Lebenssehnsucht in ihm weckend. Schon beginnt sich der Mensch zu wandeln: vom Erdenkinde zum Sonnenkinde. Langsam, mühsam. Er hat zuviel Nacht und Tod in sich, als daß er das Leben in vollen Zügen trinken könnte. Aber er wandelt sich. Zurück zur Sonne, zum Urquell allen Lebens, ist die Parole von morgen und übermorgen.

Nieder mit den Städten, fort von den Getreidesteppen, hinweg von den nahrungslosen Wäldern, zurück in die Früchte tragenden Palmenhaine. Das sind die Schlagworte der Zukunft. Das sind die Etappen des Wandlungsprozesses. Das Leid, der Schmerz und Tod von Milliarden ist der Kaufpreis des neuen Paradieses.

Bruder, Schwester! Wenn du kein Mark mehr in den Knochen hast und ächzend, seufzend dich durchs Dasein schleppst, so wisse, auch du schaffst mit am neuen Paradiese, auch du bahnst den Weg zum neuen Eden, in dem sie von den Früchten der Palmen leben und nackt sind und sich nicht schämen.

Und du, Bruder, Schwester! die ihr überquellt von Lebensfreude und die ganze Welt zu weiserer Lebensart bekehren möchtet, laßt euch nicht abschrecken durch den Widerstand, den euch die Lebensarmen entgegensetzen. Verlangt nicht Licht von der Nacht, Stärke von der Schwäche, Leben vom Tod. Gebet allen Licht, Stärke, Leben! Gebet jedem, soviel er vertragen kann. Wirket stufenweise, allmählich, nicht durch krasse Gegensätze.

19. Gemäßigte Zone oder Tropen.

Von August Engelhardt[15]

In der Vegetarischen Warte vom 8. November 1902 rät Herr Otto Jackisch, ein Edener Kolonist, in entschiedenster Weise von der Tropenkolonisation ab „angesichts der sehr warnenden Stimmen erfahrener Kenner überseeischer Verhältnisse und der leider zahlreichen Beispiele verunglückter Ansiedelungsversuche von meist für die Tropen und Subtropen ungeeigneten Gesinnungsgenossen".

Wie Herr Jackisch denkt, so denken Millionen und vielleicht auch die meisten Vegetarier. Seine beiden Gründe sind absolut nicht stichhaltig. Wenn neue Fragen aufs Tapet kommen, wenn sie beginnen, in den Brennpunkt des allgemeinen Interesses zu rücken, dann gibt es stets „erfahrene Kenner" in Fülle, die das Neue durchaus verwerfen und das Loblied des Alten singen. Mögen 100 000 „erfahrene Kenner" behaupten, die Tropen seien durchaus ungesund, ein Leben in ihnen dem Europäer keineswegs zuträglich oder nur für einige Jahre — ist damit der Stab über die Tropenfrage gebrochen? Und warum mißfällt es Herrn Jackisch so sehr, daß manche Vegetarier gerade ihre speziellen oder ihre und einiger Vereinsmitglieder Meinungen und Ansichten den Lesern der Warte auftischen? Hält Herr Jackisch nur die Meinungen und Ansichten der Vegetariermassen für druckreif? — Sind es nicht immer die einzelnen, die mit ihrem Scharf- und Weitblick durch die Tiefe und Kraft ihres Fühlens über die Menge herausragend, der

---

[15] Dieser Aufsatz wurde am 19. April 1903 einer deutschen Zeitschrift übersandt, ohne bisher veröffentlicht zu werden. Er ist heute noch ebenso aktuell wie damals.

Menschheit neue Ziele, neue Ideale geben, sie zu neuen Erkenntnissen und Weisheiten führen?!

Endlich, was beweisen „die zahlreichen bisher verunglückten Ansiedelungsversuche von meist für die Tropen und Subtropen ungeeigneten Gesinnungsgenossen"? Wenn die Ansiedler sich als ungeeignet erwiesen, so beweist das nur, daß sie in den Tropen nicht richtig zu leben verstanden, um allen Aufgaben gerecht zu werden und sich bei guter Gesundheit zu erhalten. Und wenn ihre Versuche mißglückten, so beweist das zunächst nur, daß sich zum Mangel einer tropengerechten Lebensweise auch der Mangel an organisatorischem Talent oder an nötiger Vor- und Umsicht gesellte. Mögen 1000 weitere Versuche fehlschlagen — sie alle sind kein Beweis gegen die Tropen, höchstens ein Beweis für die irrationelle Lebensführung bzw. ungenügende organisatorische Fähigkeit der Kolonisten.

Es scheint mir überhaupt durchaus unzulänglich, die Tropenfrage lediglich in der Perspektive „der warnenden Stimme erfahrener Kenner und der häufig verunglückten Ansiedelungsversuche" zu betrachten.

Fragen wir die Natur, die Sonne, unser Lebensgesetz — und lassen wir einmal alle subjektiven Ansichten beiseite! Wer das Leben auf der Erde betrachtet, wer sein Auge schweifen läßt vom Äquator zu den Polen, der sieht, daß die gesamte Entwicklung der Natur am Äquator ihren Höhepunkt erreicht — in jeder Beziehung: sowohl die Steinwelt, wie das Pflanzenreich, wie die Tierwelt. Die größten, schönsten, edelsten, üppigsten, fruchtbarsten, gewaltigsten Repräsentanten dieser Reiche sind am Äquator zu Hause.

„Warum?" Das ist leicht zu erklären: Alles Leben der Erde kommt von der Sonne. Je größer die Quantität und je intensiver die Qualität der Sonnenenergie ist, die die Lebewesen — wozu ich auch die Steinwelt rechne — zu ihrem Aufbau zur Verfügung haben, um so lebendiger, d.h. größer, königlicher, energischer wird die Natur sein in all ihren Formen und Äußerungen.

Der Äquator bzw. die Tropenzone ist das Land der eigentlichen Sonnenherrschaft und Sonnenheimat, ist das Sonnen- und Himmelreich auf Erden. Nur in ihm allein ist dank der Sonne die großartigste Entwicklung der Natur möglich. Hieraus geht sofort hervor, daß der Mensch, die Krone der Schöpfung, das höchste Gebilde der Erde, allein am Äquator, im Reiche der größten Sonnenenergie, seine Heimat hat, und daß er nur in dieser seiner natürlichen Heimat seine höchste Entwicklung erreichen kann. Endlich:

daß die Menschheit um so mehr entartet, je mehr sie sich vom Äquator entfernt, und daß die äquatorfernen Völker bzw. Individuen nur am Äquator, in den Tropen, ihre Degeneration mit der Zeit rückgängig zu machen imstande sind.

Dr. E. Below, einer unserer scharfsinnigsten Ärzte, der die Tropen aus eigener Anschauung kennt, weist in seinem 1894 auf der 65. Naturforscherversammhmg zu Nürnberg gehaltenen Vortrage „Artenbildung durch Zonenwechsel" auf Grund der Weltgeschichte nach, daß die Völker der Erde „in ellipsoiden oder kreisförmigen Wanderungen vom Äquator, den Tropen und Subtropen nach der gemäßigten und sogar nach der kalten Zone und von da aus wieder zurück nach den Tropen" wanderten und wandern. Jeder, der sich über das Wesen des Tropenklimas, der Tropenseuchen orientieren will, ferner über die belebende und verjüngende Wirkung des Äquators und über die Folgen mangelnder äquatorialer Regeneration, der lese Belows Schrift (Jägers Verlagsbuchhandlung, Frankfurt am Main. 1894. 24 S. Mk. 1,60). Der Kernpunkt dieser geistvollen Schrift ist der Satz: „Solange am Äquator Zellenumbildungen und Regenerationen stattfinden, sind alle Entwicklungsfortschritte möglich und denkbar."

Es ist absolut unrichtig, zu glauben, ein Wesen wie der Mensch würde sich da am besten entwickeln, wo es am meisten zu kämpfen und zu ringen habe, weil nur hierdurch der Reichtum seiner Fähigkeiten entfaltet werden könne. Jeder, der je den Karnivorismus mit einem vernünftigen Vegetarismus oder gar den allgemeinen Vegetarismus mit der allein richtigen Fruchtdiät vertauschte, wird zu der Erkenntnis gekommen sein, daß die Entwicklung unserer Größe und Hoheit nicht vom Kampfe der Kräfte in uns und unserer Selbst mit der Außenwelt abhängt, daß vielmehr eine durchaus reine Diät ganz von selbst die größten und besten Eigenschaften des Menschen aus ihrem Schlafe erweckt.

Rein natürlich, nur von lebendigen Früchten sich nähren, heißt Leben, Kraft, Geist in sich aufnehmen. Des Menschen Denken und Tun ist nichts weiter als eine Projektion seines Innenzustandes in die Außenwelt. Wer von der Reinheit und dem Leben sich nährt, der kann schließlich gar nicht anders als rein zu leben, Gutes zu schaffen, belebend, helfend, fördernd allüberall zu wirken.

Nicht Kampf mit uns, mit anderen, mit der Natur — nein, Friede in uns und mit der Natur und mit anderen sind die Basen des vollkommenen

Menschen, des Gottmenschen!

Darum sind unsere wahre Heimat jene Gebiete, in welchen die Natur unsere größte Freundin ist, jene Länder, die folgende Eigenschaften haben und Bedingungen erfüllen:

1. Größte Sonnenhöhe, senkrechte Bestrahlung, infolgedessen größte Sonnenenergie oder höchste Wärmeisotherme und höchste Lichtisophote.

Nur die größte Konzentration von Licht und Wärme konnte das lichtgeistvollste und wärme-liebevollste Wesen der Erde, den Menschen, gebären. Licht ist Geist und erhellt, erleuchtet den Menschen. Wärme ist Liebe und macht den Menschen liebevoll, gutmütig. Wärme dehnt aus. Sie macht den Menschen offen, großherzig, hilfsbereit, selbstlos.

Je mehr Licht und Wärme wir direkt von der Sonne empfangen, um so weniger Nahrung, insbesondere schwere Kost, bedarf unser Körper. Die gesparte Nervenkraft kommt dem Geiste zu gute, der sich bei leichter und mäßigster Kost am besten entwickelt, betätigt. Zugleich verleiht eine solche Lebensweise der Seele größten Frieden, dem Geiste größte Ruhe, Klarheit und Tiefe.

2. Größte Lichtkraft = Anziehungskraft der Sonne. Die schlanken, himmelragenden Könige der Tier- und Pflanzenwelt, der Mensch und die Kokospalme, hätten ohne sie nicht entstehen können.

Sie bewirkt die beste und rascheste Ernährung des der Sonne zugewandten Gehirns, ferner durch Anziehung und Hebung der Blutsäule die geringste Arbeitsbelastung des Herzens und den leichtesten, elastischsten Blutumlauf.

Dies wieder verursacht im Verein mit der Wirkung auf das Gehirn größtes, energischstes Wachstum infolge raschester, bester Ernährung des ganzen Körpers. Genialität des Geistes, gigantische Schaffenskraft, athletischer Körperbau und höchste Kraftentfaltung sind die notwendigen Konsequenzen bei sonst durchaus natürlicher Lebensweise.

3. Größte Umdrehungsgeschwindigkeit, infolge dessen zugleich größte Zentrifugalkraft und geringste Zentripetalkraft (Erdanziehung).

Die Erde dreht sich täglich einmal um ihre eigene Achse. Die Punkte des größten Kreises der Erde, des Äquators, bewegen sich hierbei viel schneller als die höherer Breite grade oder gar die der Pole, deren Umdrehungsgeschwindigkeit gleich Null ist. Je größer letztere, um so größer die Zentrifugalkraft, die Ausbuchtung oder Verdickung am Äquator des sich umdrehenden Körpers, wenn er von dehnbarer, elastischer Substanz ist bzw. war, um so größer die Abplattung an den Enden der Umdrehungsachse. Die Erde ist ein derartig geformter Körper, ein Rotationsellipsoid. Kein Punkt ihrer Oberfläche hat einen so großen Abstand vom Erdmittelpunkte als die des Äquators. Daher ist auch die Erdanziehung oder Gravitation am Äquator am geringsten.

Hiermit ist erklärt, warum der Äquator die erwähnten Eigenschaften hat. Jetzt wollen wir die Wirkung derselben auf den Menschen untersuchen.

Die Wirkung der größten Umdrehungsgeschwindigkeit harrt noch der Aufklärung. Aber wir haben Anhaltspunkte, von denen wir darauf schließen können. Julius Hensel sagt in seiner genialen Makrobiotik: „Wir wissen, daß bei einer gewissen Langsamkeit der Umdrehungen am dynamoelektrischen Apparat elektrisches Licht nicht erzeugt wird; erst von einer bestimmten Umdrehungsgeschwindigkeit ab ist die Einwirkung zwischen Magnetismus und Elektrizität bzw. deren Übergang ineinander auf so nahe beieinander liegende Zeiträume reduziert, daß daraus strahlendes Licht geboren werden kann. Nach dieser Analogie wird es verständlich, wie die schnellere Erdrotation am Äquator eine anders geartete Disposition unseres Organismus bedingt als beispielsweise eine nördliche Breite von 35 Grad." — Einen weiteren Fingerzeig erhalten wir, wenn wir uns einen Menschen vergegenwärtigen, der stets mit Güterzügen und Frachtschiffen reist, und einen zweiten, der nur Schnell- und Expreßzüge, desgleichen nur Schnelldampfer benutzt. Der Mensch ist ein Produkt seiner Umgebung. Die Geschwindigkeit der Verkehrsmittel, die wir benutzen oder bevorzugen, ihre Individualität bleibt nicht ohne Einfluß auf uns.

Wer gewöhnt ist, in kürzester Zeit größte Strecken mit höchster Schnelligkeit zu durchmessen und zu übersehen, alles Unbedeutende, minder Wichtige nur im Vorbeifahren eventuell besichtigend, wird in seinem Denken und Tun viel energischer und rascher sein und viel mehr Haupt- und Nebensächliches zu unterscheiden wissen als ein anderer, der nur Bummelzüge und Bummelschiffe benutzt, sei es, weil er nichts Besseres kennt, oder weil ihm die schnellsten Verkehrsmittel nicht sympathisch sind. Er übersieht nur kleine Strecken langsam in langen Zeiträumen. Es ist zweifellos, daß die Maximal-Umdrehungsgeschwindigkeit der Erde am Äquator unbewußt eine analoge Wirkung im großen auf den Menschen hat wie die Expreßzüge und -schiffe. Sie macht ihn energischer, rascher denkend und handelnd, sie weitet sein Gesichtsfeld in der intensivsten Weise. Er übersieht mehr Dinge zu gleicher Zeit, er beurteilt alles nach höheren Gesichtspunkten und weiten Perspektiven. Kurz: es kommt mehr Zug in den Menschen am Äquator. Die Nerven sind lebendiger, der Mensch elastischer, frischer, aufgeweckter, weitblickender.

Die Wirkung der größten Zentrifugalkraft ist gleich der der Sonnenanziehung oder Levitation: die Erde schleudert den Menschen am Äquator gleichsam der Sonne entgegen, die Sonne zieht ihn liebkosend zu sich heran. Indem sich so beide Wirkungen addieren, werden alle unter 2. erwähnten Eigenschaften in denkbar höchstem Maße im Menschen entwickelt.

Die geringste Zentripetalkraft endlich hat im Verein mit der Maximal-Zentrifugalkraft zur Folge, daß alle Substanz, also auch der Mensch, am Äquator weniger wiegen, leichter sind als in höheren Breiten. Die himmlischen Kräfte ziehen den Menschen an: er schwebt gleichsam, er ist leichtfüßiger, flinker, er fühlt seinen Körper weniger als im Norden. Zugleich vermag er größere Massen zu bewältigen, zu beherrschen. Alle Äquatorialkräfte helfen ihm dabei. Endlich potenziert die Maximalgravitation am Äquator alle Wirkungen der Sonnenanziehung und der Erdfliehkraft. Je größer die Gehirnenergie, je leichter der Blutumlauf, je geringer die Herzarbeit, um so leichter, freier, fröhlicher, geistiger, glücklicher fühlt sich der Mensch.

Mit welcher Deutlichkeit und Eindringlichkeit sagt uns diese Betrachtung, daß am Äquator alles dazu geschaffen ist, uns das Leben so leicht und schön wie möglich zu machen. Die kosmischen Kräfte der Sonne und der Erde Anziehungskraft und der Erde Fliehkraft — Kräfte, mit welchen der Mensch von heutzutage, leider absolut nicht rechnet —, sie alle bestreben sich, unser Gehirn und Herz so wenig wie möglich mit Arbeit und Sorge für den Körper zu belasten, auf daß das Maximum an Lebensenergie den zentrifugalen, lichtliebenden, den altruistischen Gehirnzentren zur Verfügung steht dem der Gottesliebe oder Religiosität, dem der Nächstenliebe, dem der Welterkenntnis oder Weisheit. Bekanntlich sind die höchsten und edelsten Eigenschaften des Menschen bzw. Funktionen unseres Gehirns in dessen obersten und vorderen Teilen lokalisiert. — Nur am Äquator reichen sich Sonne und Erde die Hand, um gemeinsam den Menschen glücklich zu machen. Je mehr wir uns vom Äquator entfernen, um so größer die Kluft, die Disharmonie zwischen Himmel und Erde. An den Polen ist die Erde der Sonne Gegensatz: Nacht und Kälte. Ich sagte schon: wie die Umgebung, die

Lebensbedingungen, so der Mensch. Die nach den Polen hin zunehmende Disharmonie zwischen Himmel und Erde jenseits des Äquators — sie säugt den Menschen dort und zieht ihn groß. Kann es uns wundernehmen, wenn der Mensch überall so sehr Karikatur, so sehr Disharmonie ist, so sehr ein Langsamsterbender, anstatt ein Unsterblicher, Über-den-Tod-Erhabener zu sein? Nur die größte Lebensfülle kann dem Menschen das größte Leben: die Unsterblichkeit, die Göttlichkeit geben. Und diese ist allein am Äquator, in den Tropen zu Hause. Wer gegen die Tropen ist, der ist — sei es bewußt oder unbewußt — für die Delikatessen, die er liebt, für das Bier, den Schweinebraten, den Tabak, für das Schrotbrot oder sonst etwas, wovon er nicht lassen will, bald in der Meinung, es tue ihm gut, bald aus Gewohnheit, Trägheit, Mangel an Energie. Wer gegen die Tropen ist, ist gegen die Sonne, gegen das Leben, gegen sein besseres Ich. Die Tropen sind und bleiben stets des Menschen größte Freunde. Sie sind der Berg des Lebens.

Es genügten die drei bisher erwähnten Bedingungen, um zu solchen Ergebnissen zu kommen. Da ich die eminent wichtige Tropenfrage, die eine Lebensfrage der Menschheit ist, möglichst erschöpfend behandeln will, will ich nun die rückständigen fünfzehn Bedingungen bzw. Gründe für die Tropen namhaft machen und besprechen, die sich, je mehr die Tropenfrage allenthalben gründlich bedacht und diskutiert wird, nach und nach verzehn- und vertausendfachen werden. Sind die Tropen tatsächlich des Menschen wahre Heimat, dann ist die Zahl der Gründe für den Weisen endlos.

4. Größte Ordnung, Regelmäßigkeit und Übersichtlichkeit — in jeder Beziehung: sowohl in Bezug auf die klimatischen Prozesse, als hinsichtlich des Wachstums und der Anordnung der Tier- und Pflanzenwelt und aller sonstigen Äußerungen der Natur.

Die Sonne ist Geist und Leben, ist Ordnung und Regelmäßigkeit und bewirkt diese Eigenschaften bei allem, was mit ihr in intimster Fühlung steht. Aus den folgenden Gründen werden wir ersehen, wie Klima, Fauna und Flora am Äquator von der größten Ordnung und Regelmäßigkeit beherrscht sind, wie der Unterschied der Klimate und der verschiedenen Klimaten ungehörigen Floren in den Tropen, die gleichsam ein Naturmuseum sind und den gründlichsten, umfassendsten Anschauungsunterricht erteilen, dem Menschen in der klarsten und eindringlichsten Weise vor Augen tritt.

Humboldt sagt in seinem „Kosmos" I, S. 10: „Sind die tropischen Länder eindrucksreicher für das Gemüt durch Fülle und Üppigkeit der Natur, so sind sie zugleich vorzugsweise dazu geeignet, durch einförmige Regelmäßigkeit in den meteorologischen Prozessen des Luftkreises und in der periodischen Entwicklung des Organismus, durch scharfe Scheidung der Gestalten bei senkrechter Erhebung des Bodens dem Geiste die gesetzmäßige Ordnung der Himmelsräume wie abgespiegelt in dem Erdenleben zu zeigen."

Je größer Ordnung und Regelmäßigkeit der Lebensbedingungen, um so größer auch die Ordnung und Regelmäßigkeit in mir selbst, um so größer Ruhe und Friede, Klarheit und Tiefblick in mir. Der Äquator ist die eigentliche Heimat der Weisen, der Erkennenden, der Hellsehenden, der mit Gott Versöhnten.

Alle Unregelmäßigkeit und Unordnung der klimatischen und sonstigen Lebensverhältnisse ruft beides in dem Entwicklungsprozesse der Lebewesen hervor, bewirkt hierdurch Kraftverlust und Kraftzersplitterung, Mangel an Konzentration, Unordnung in der Konstitution und Organisation und in der Äußerung und Betätigung der Lebewesen. —

Der Mensch als das geordnetste, regelmäßigste Geschöpf in Bezug auf Geist und Körper konnte nur am Äquator entstehen und kann sich nur an ihm auf seiner erhabenen Höhe erhalten bzw. zu ihr zurück, d.h. emporentwickeln.

5. Geringster Jahreszeitunterschied: kein finsterer, kalter Winter.

Ein Leben, das beständig an den Tod denken muß, kann sich nie großartig, königlich entwickeln, wird stets ärmlich, kärglich aussehen. Das tun und müssen tun alle Geschöpfe, die im Reiche des Winters hausen. Der Winter mit seiner Kälte und seiner Finsternis ist ein Freund des Todes, ist ein Töter, ein Mörder. Er macht den Menschen arm und klein, er schreibt ihm den Todesgedanken aufs Antlitz. Nur das Land des ewigen Sommers kann den Menschen vom Tode und allen seinen Freunden: Krankheit, Schmerz usw., erlösen. Macht nicht der Winter den Menschen zum Bewohner fester und beweglicher Höhlen, Haus und Kleid genannt, — zum Höhlenwesen und so zum Feinde des Lebens, der Sonne?

6. Geringster Temperaturunterschied zwischen Tag und Nacht: nicht tagsüber Riesenhitze und nachts Bärenkälte wie in der Wüste, so daß nichts gedeihen kann und will, weil die Nacht ertötet, was der Tag gebar. Wie häufig vernichtet ein Maifrost in Nord- und Mitteleuropa das erste Grün des Frühlings, die ersten Blumen des Gartens!

7. Geringster Zeitunterschied zwischen Tag und Nacht: nicht ein halbes Jahr lange Nächte und ein halbes Jahr lange Tage wie an den Polen.

Ein Lebewesen, das täglich dieselbe Licht- und Wärmemenge zugeführt erhält, wird sich harmonisch entwickeln, nicht aber ein Lebewesen, das sich heute acht Stunden lang des Sonnenscheins erfreuen kann, drei Monate darauf täglich im Durchschnitt nur ein oder zwei Stunden Sonnenschein genießt. Ungerechtigkeit, Unordnung, ein heute viel, morgen wenig, übermorgen viel zu viel — es läßt nimmermehr eine harmonische, schöne Entwicklung, nimmermehr die Entfaltung göttlicher Wesen zu. Ich wiederhole: nicht Kampf — Friede in jeder Beziehung ist die Basis des Gottmenschen. Allerdings nur Kämpfe mit unseren und anderer Schwächen werden uns von unserem Unfrieden erlösen.

8. Regelmäßigste Winde: Passate, Monsune. „In mittleren und höheren Breiten, wo die Richtung und Stärke des Windes fortwährend wechselt, erreicht die letztere oft hohe Werte, und sind die Stürme nicht so scharf von dem übrigen Verlaufe des Wetters abgesetzt wie in den Tropen, wo sie sich von der Regelmäßigkeit und Ruhe der übrigen Witterung abheben.“ (Köppen, Klimalehre, S. 69.)

Es ist eine Last, immer mit wetterwendischen Menschen verkehren zu müssen. Es ist ein Glück, nur mit zuverlässigen, sich treu bleibenden Charakteren in Beziehung stehen zu können. In ähnlicher Weise wirkt der Witterungscharakter höherer Breiten bzw. der der Äquatorialzone auf den Menschen.

9. Regelmäßiger Regenfall bzw. Sonnenschein. „Größe der Bewölkung, Zahl der Tage mit Niederschlag und Niederschlagsmenge gehen in der Tropenzone einander auch in der jährlichen Periode ziemlich parallel; in höheren Breiten laufen sie infolge der Zunahme der jährlichen Temperaturschwankung stellenweise weit auseinander.“ (Köppen, Klimalehre.)

„Der regelmäßige Wechsel von Trockenzeiten und Regenzeiten ist nur in niederen Breiten scharf ausgeprägt, jenseits etwa 45 Grad Breite wird die Veränderlichkeit der Jahrgänge so groß, daß dieser periodische Wechsel sich verwischt, und sorgt andererseits die Kälte des Winters dafür, daß am Ausgange der kalten Jahreszeit bedeutende Wasservorräte selbst dort vorhanden sind, wo Winter und Frühling nur wenig Niederschlag bringen.“ (Ebenda.)

„Die Regen der tropischen Zone folgen der Sonne in ihrem Jahreslaufe vom Norden nach dem Süden und zurück; die Regenzeiten setzen in den meisten Gegenden dann ein, wenn die Sonne am höchsten steht; dem zweimaligen Durchgange der Sonne durch das Zenit entspricht vielfach eine zweimalige Regenzeit mit einer großen und einer kleiner Trockenzeit dazwischen. In der Nähe des Äquators sind diese Trockenzeiten am wenigsten ausgebildet und bringen alle Monate mehr oder weniger Regen." (Ebenda.)

10. Sauerstoffarme, weil heiße, dünne Luft während des ganzen Jahres.

Der nackte, nur von Früchten am Äquator lebende Mensch bezieht den größten Teil seiner Lebensenergie direkt von der Sonne. Er speichert Sonnenkraft mittels Auge, Haar und Haut in sich auf. Er braucht nicht, wie der im Reiche des Winters lebende, fast seine ganze Energie durch Verbrennung seines Körpermaterials zu erzeugen. Er benötigt daher sehr wenig Sauerstoff. Das hat eine äußerst geringe Abnutzung des Körpermaterials zufolge. Außerdem: leichte Luft macht leicht, macht lebendig, beweglich, elastisch; schwere Luft macht schwerfällig.

Dr. Evans sagt in „Die Kunst, das menschliche Leben zu verlängern" (vgl. Densmore, „Die natürliche Nahrung des Menschen", S. 90): „Wir haben gezeigt, daß das ‚Greisenalter' und der ‚natürliche Tod' zwei Ursachen haben: erstens die Wirkung des atmosphärischen Sauerstoffs, welcher unsere Leiber aufzehrt, sowie die faserigen und knorpeligen Ansammlungen veranlaßt; zweitens die Ansammlung von erdigen Stoffen (Verknöcherung)."

Alle die bis jetzt genannten Gründe sind die Voraussetzungen für:

11. Immergrün, Immerblau, Immersonnengold.

Grün, Blau und Sonnenschein wirken beruhigend, sammelnd, erheiternd auf Gemüt und Geist. Darum ist der Aufenthalt unter beständig heiterem Himmel inmitten einer immergrünen Pflanzenwelt dem Menschen am zuträglichsten und insbesondere für die geistige Tätigkeit, die doch bei uns als Geistwesen in erster Linie zu berücksichtigen ist. Man denkt ganz anders, wenn man im Bureau, am Schreibtische sitzend, an einem nebligen, grauen Wintertage einen Artikel schreibt, oder wenn man nackend am Ufer des blauen Ozeans in der Tropensonne unter lieblich blauem Himmel sitzend, umgeben von himmelanstrebenden, lachenden Kokospalmen über ein Thema philosophiert. Farben sind Kräfte, sind geistige Äußerungen. Die grünen und noch mehr die blauen Lichtstrahlen haben viel kleinere und raschere, lebendigere Schwingungsweiten als die gelben, roten oder gar braunen, grauen Strahlen. Daher die belebende, stärkende, besänftigende Wirkung des Blaus und Grüns.

12. Immergrüne, üppigste Vegetation und daher reinste, gesündeste Luft.

Das Land des Immergrüns, der immer lebendigen und wachen Pflanzenwelt ist des Menschen Heimat auch deshalb, weil die grünen Pflanzen zu seinem Leben beständig und unbedingt notwendig sind, insofern sie die von ihm produzierte giftige Kohlensäure in Kohlenstoff, den sie für sich verwerten, und Sauerstoff, den sie der Luft zurückgeben, zerlegen. Der tropische Palmenwald ist des Menschen einzig wahre Heimat, der äquatoriale Kokospalmenhain. Die Palmen sind die Blattpflanzen par excellence, daher auch die größten und besten Sauerstofffabrikanten. Sie bauen sich aus den sauerstoffärmsten Verbindungen auf und sammeln dieselben besonders in ihren Früchten an. Sie sind nicht nur die besten Luftreiniger, sie sind auch die besten Nährer des Menschen. Die Kokospalme liefert ihm in ihren Nüssen die am wenigsten mit Sauerstoff verbundene, daher licht- und geistvollste Nahrung.

13. Maximum der Natureindrücke auf kleinstem Räume oder größter Reichtum, höchste Üppigkeit, intensivste Belehrung des Menschen.

Danach das Land, danach der Mensch.

Humboldt schreibt in seinen „Ansichten der Natur": „So hat die Natur dem Menschen in der heißen Zone verliehen, ohne seine Heimat zu verlassen, alle Pflanzengestalten der Erde zu sehen, wie das Himmelsgewölbe von Pol zu Pol ihm keine seiner leuchtenden Welten verbirgt." An anderer Stelle des gleichen Werkes: „So wie der Tropenbewohner alle Sterne sieht, so hat ihn auch die Natur da, wo Ebenen, tiefe Täler und hohe Gebirge abwechseln, mit Repräsentanten aller Pflanzenformen umgeben." In seinem „Kosmos" sagt der große Forscher und gründliche Tropenkenner: „Die dem Äquator nahe Gebirgsgegend hat einen nicht genugsam beachteten Vorzug: es ist der Teil der Oberfläche unseres Planeten, wo im engsten Räume die Mannigfaltigkeit der Natureindrücke ihr Maximum erreicht.

Dort eröffnen der Erde Schoß und beide Hemisphären des Himmels ihre Erscheinungen und verschiedenartigen Gebilde; dort sind die Klimate wie die durch sie bestimmten Pflanzenformen schichtenweise übereinander gelagert; dort die Gesetze abnehmender Wärme, dem aufmerksamen Beobachter verständlich, mit ewigen Zügen in die Felsenwände und Abhänge der Gebirge eingegraben." Nur dieses Maximum der Natureindrücke auf kleinstem Räume ermöglicht es, uns eine lücken- und irrtumslose Anschauung von der Natur zu bilden und somit unser Leben auf die weiseste Art einzurichten. Die Tropen sind die Universität der Sonne, das gigantische Naturmuseum der Erde.

14. Die erhabensten, edelsten Naturgebilde. Die uns umgebenden Formen sind von eminentem Einfluß auf unser Fühlen, Denken und Handeln. Ich will hier nur das „Versehen der Frauen" erwähnen. Es sind andere Gedanken, die eine offene, blumenreiche Wiese, die ein düsterer Tannenwald, die ein Meer, eine Heide, ein Kornfeld, ein See, andere, die ein tropischer Urwald, ein Palmenhain, des Ozeans beständiger Anblick in uns erwecken. Andere Gedanken — andere Taten. Beständig von den edelsten, erhabensten, schönsten Repräsentanten der Natur umgeben zu sein, adelt und erhebt den Menschen, veredelt sein Denken und Tun.

15. Die höchst entwickelten und darum menschenähnlichsten Tiere, die Affen. Auch der Affe ist ein Sonnenkind. Da der Mensch hoch über dem Affen steht, so gehört er noch näher an den Äquator als der Affe im allgemeinen. Wo das uns in jeder Beziehung verwandteste, nahestehendste Tier, der Affe, nicht mehr gedeiht und vorkommt — da gehört auch der Mensch absolut nicht hin.

16. Die höchst entwickelten und darum dem Menschen nahestehendsten, ihn am besten nährenden Pflanzen, die Palmen, und unter ihnen vor allem die nußtragenden.

Unser Lebensprozeß ist ein Verbrennungsprozeß. Um die größte Kraft und das größte Leben in uns zu erzeugen, müssen wir uns von den kraft- und lebensvollen Früchten nähren, das sind die Nüsse, und zwar die Nüsse der edelsten, konzentriertesten, sonnenvollsten Pflanzen, der Palmen — der Kokospalmen.

17. Immer edle Nahrung, immer gedeckten Tisch. Wo uns die Natur Tag für Tag die beste Nahrung in Fülle bietet und den Kampf und die Sorge um die Nahrung fast ganz erspart — nur da kann sich der vergeistigte Mensch entfalten. Materielle Sorgen erdrücken den Geist, hemmen seinen Flug auf die höchsten Spitzen der Erkenntnis.

Forster, der Cook auf seiner Weltumsegelung begleitete, sagt bez. Tahitis: „Hat hier jemand in seinem Leben nur zehn Brotbäume gepflanzt, so hat er seine Pflicht gegen sein eigenes und nachfolgendes Geschlecht ebenso vollständig erfüllt wie ein Einwohner unseres rauhen Himmelsstrichs, der sein Leben hindurch während der Kälte des Winters gepflügt, in der Sonnenhitze geendet und nicht nur seine jetzige Haushaltung mit Brot versorgt, sondern auch seinen Kindern etwas an barem Gelde erspart hat."

Welche Narrheit! Der Bewohner der gemäßigten Zone gewinnt dank größten Zeit- und Arbeitsaufwands im Hochsommer und Herbst eine ärmliche, minderwertige, durchaus nicht für den Menschen bestimmte und darum ihn verfälschende, mit Irrtum und Krankheit anfüllende Nahrung, während er hier in den Tropen mit geringstem Zeit- und Kraftverbrauch, ja fast ohne sein Zutun, jahraus, jahrein die köstlichsten, edelsten Tropenfrüchte ernten kann, wenn nur einmal die Kokospalmen, Bananen, Papayas, Brotfruchtbäume usf. zu tragen begonnen haben.

Dr. Karl Müller von Halle äußert sich in seinem geistvollen „Buch der Pflanzenwelt, Botanische Reise um die Welt, Versuch einer kosmischen Botanik" (2 Bände, Leipzig, O. Spamer, 1857) folgendermaßen über den Einfluß einer vorwiegenden Fruchtdiät und der übrigen Tropenverhältnisse auf die Tahitier: „Die Luft immer warm und doch durch Seelüfte erfrischt, der Himmel immer heiter, die herrlichen und gesunden Früchte — das alles macht den Einwohner stark und schön, so daß, wie Forster sich ausdrückte, Phidias und Praxiteles manchen zum Modell männlicher Schönheit gewählt haben würden. So erklärt sich zu gleicher Zeit die merkwürdige Ähnlichkeit zwischen Tahitiern und Griechen, die jenem so auffiel. Ähnliche Klimate, ähnliche Nahrung, ähnliche Lebensweise bilden ähnliche Menschen, wie sie ähnliche Pflanzen schaffen. Kein Wunder, wenn der Tahitier jedes Land bedauert, welches den Brotfruchtbaum, das Symbol der gütigsten Natur, nicht besitzt."

Wer heutzutage vergebens den hellenischen Menschentypus in den Tropen suchen sollte, wer vergebens Umschau hält nach reinen, edlen Fruktivoren, — für den seien folgende Worte Müllers angeführt: „Seitdem christliche Europäer ihr Kirchen- und Säbelregiment widerspruchsvoll auf Tahiti gegründet und ein heißes Klima die Polynesier trotz ihrer vielen unleugbaren Vorzüge zu jeglicher härteren Arbeit untauglich macht,[16] seitdem sie

---

[16]Es ist durchaus irrig, daß das Tropenklima den Menschen zu harter Arbeit untauglich macht. Hier, im Bismarckarchipel, werden nur Eingeborene des gesamten Deutsch-Neuguineas und der Salomonsinseln auf den Plantagen verwandt, die bei entsprechender Beaufsichtigung der anstrengendsten Arbeit fähig sind. Ihre Nahrung sind Reis, Kochbananen, süße Kartoffeln, Taro, Yam, Fische, Büchsenfleisch. Es kommt eben ganz auf

unter wehmütigen Klagen geheimnisvoll dahinsterben: da muß man billig fragen, ob die neue Kultur, welche ihnen ihre Nationalität entriss, durch Einimpfung europäischer Formen Karikaturen aus ihnen schuf, diejenige sei, welche für solche Völkerschaften paßt? Freilich sind manche alte Übel ausgerottet oder beschränkt; dafür sind aber neue eingekehrt. ,Ihr redet uns vorn Heil, und wir kommen hier elend um. Wir verlangen kein anderes Heil, als in dieser Welt zu leben! Wo sind, die die ihr durch eure Reden gerettet habt? Pomare ist tot, und wir alle sterben durch eure verfluchten Laster. Wann werdet ihr aufhören?' So spricht der Volksmund auf Tahiti, und er findet sein Echo überall, wo der Weiße sich usurpierend niederließ." So schreibt Müller vor mehr als 35 Jahren. Ist's seitdem besser geworden?

18. Geringste Nahrungsaufnahme, Kleider- und Häuserlosigkeit, kurz Bedürfnislosigkeit. Nur die größte Beschränkung unserer materiellen Bedürfnisse kann uns Magenmenschen in Hirnmenschen, Geistmenschen, Lichtmenschen, Sonnenmenschen wandeln; nur sie befähigt uns, uns soviel wie möglich der Wohlfahrt, dem Heile unserer Mitmenschen zu widmen und somit unser Leben edel, glücklich und segenspendend zu gestalten.

„Wer am wenigsten bedarf, kommt den Göttern am nächsten," sagt Buttenstedt, der Apostel der irdischen Unsterblichkeit. Die Tropen sind das Reich der Bedürfnislosen: wer alles von der Sonne, dem Urquell des Lebens, nimmt, braucht nichts von der Erde. Wer sich von Himmel, Sonne, Leben nährt, wird himmlisch, sonnig, lebendig — unsterblich. Wer Erde ißt, wird irdisch — sterblich.

Julius Hensel, der genialste, tiefsinnigste physiologische Chemiker der Gegenwart, kommt in seinem „Das Leben" auf Grund geistvoller, chemischer Betrachtungen über die Sonne zu der Erkenntnis, daß unser Leib kondensiertes Sonnenduft-Protein darstellt. „In der duftenden Sonnenatmosphäre haben wir leibhaftiges, tierisches Protoplasma vor uns. Zunächst findet sich das weit in den Himmelsäther hinausvibrierende Rosenölstearopten, $C_{16}H_{32}$, in oxydierter Form als Palmitinsäure, $C_{16}H_{32}O_2$, nachgewiesenermaßen in unserer Gehirnsubstanz, die ganz nach Art der Sonne, ihre Verzweigungen in Gestalt von Gehirn- und Rückenmarksnerven weit hinaussendet. Je tiefer wir aber in unsere Eingeweide hinabgehn, desto übler wird der Duft nach faulen Fischen (Phosphinamin) und faulen Eiern

---

Akklimatisation, Gewöhnung und Nahrung an.

(Schwefelwasserstoff). Ganz wie bei der Sonnenatmosphäre" (S. 335).

Die Erde ist nichts weiter als ein Stück starre, tote Sonne. Was wir von ihr in fester und darum energiearmer, lebensarmer Form beziehen, das können wir auch von der Sonne in ätherischer, vergeistigter Form, in der lebendigsten Form als Licht und Wärme haben. Wir müssen nur unseren Magen allmählich durch Haut und Haar und Auge ersetzen, durch unsere Luft- bzw. Lichtverdauungsapparate. Auge und Haar sind die besten Äther-, Licht-, Geistkondensatoren, das Gehirn der beste Lichtakkumulator. Allerdings, es dürften Jahre, vielleicht Jahrzehnte und Jahrhunderte dazu gehören, bis Europas Fruktivoren in den Tropen ihre durch Kleid und Haus und Er-, besser Verziehung völlig entarteten Augen, Haare und Haut wieder ihrer natürlichen, normalen Funktion zurückgegeben haben. Je mehr wir unsere Nahrung von der Sonne, vom Leben zu beziehen vermögen, um so mehr nimmt die Kraft und Macht der Erde über uns ab, um so mehr sind wir erhaben über die Vererdung, den Tod, tritt die Versonnung, die Unsterblichkeit an seine Stelle. Die Brücke zwischen Tod und Unsterblichkeit ist der nackte, tropische Kokovorismus. Ist die Sonne, unser Vater, der Mensch in Form eines Gestirns, eines Himmelskörpers, so ist die Kokospalme Mensch und Sonne zugleich in Form einer Pflanze. Allen dreien gemeinsam ist die große Anhäufung des Rosenölstearopten bzw. der Palmitinsäure, der schweren, oxydierten, materiellen Form des ersteren an ihrer Peripherie, in ihren zentrifugalsten Teilen bei der Sonne in der alleräußersten Grenze ihrer Atmosphäre, beim Menschen im Gehirn, bei der Kokospalme in der Krone, in den Früchten. Kokosnüsse essen heißt vegetabile Sonnen genießen. Durch den nackten Kokovorismus am Äquator allein vermag der Mensch Auge, Haar und Haut ihrem wahren Berufe, Sonne zu essen, wieder zurückzugeben. Es hat seinen tiefen Grund, warum die Blätterkrone, der Kokospalme einer durch den Stamm an der Erde festgehaltenen oder besser einer auf einer Fahnenstange gehissten Sonne gleicht, ihre Früchte dem Haupte des Menschen.

Die Kokosnuß, diese Äquatorfrucht par excellence, dieses Produkt höchster Zentrifugalkraft und Sonnenanziehung, enthält unter allen Erzeugnissen der Erde die sauerstoffärmsten und zugleich sonnenenergiereichsten Verbindungen, die dem Menschen zuträglich sind. Sie allein löst die Kriminalfrage aller rationellen Diätetik: Welche Speise gibt mit der geringsten Menge die größte geistige und körperliche Energie? Sie ist der Stein der

Weisen — die Sonne und ihre Schöpfung: die Erde, das Planetensystem usw. in nuce. Nur sie genießen heißt die Welt erkennen, verstehen, heißt die Dinge sehen, wie sie sind. Was sind Universitäten gegen eine solche Lebensweise?!

Die getrocknete Kokosnuß oder Kopra wird zu Öl, Kerzen, Seifen usw. verarbeitet. Wie sie äußerlich erleuchtet und reinigt, so tut sie es auch innerlich — mehr als irgend eine andere Frucht. Sie macht den Menschen hell und rein. „Die aber reinen Herzens sind, werden Gott schauen."

Wir ersehen ans alledem: alle Lebensbedingungen am Äquator verursachen den geringsten Energieverbrauch des menschlichen Körpers für seine eigenen Zwecke, stellen ihm daher die größte Energie zur Betätigung, zu schöpferischem und zu altruistischem, selbstlosem Wirken zur Verfügung. Der am Äquator rein naturgemäß lebende Mensch ist bzw. wird das lebens- und schaffensvollste, das fröhlichste und glücklichste Wesen der Erde.

Allen, die mir beistimmen, aber auch allen Zweiflern und vernichtenden Kritikern rufe ich zu: „Lebet selbst nach meinen Angaben! Ja, wie euer Blut, wie eure Nerven rein und klar und leicht werden, und wie die Schuppen von euren blinden Augen fallen! Die Wahrheit ist Leben! Sie will gefühlt, erlebt sein. Das Leben nach der Wahrheit, das Erleben der Wahrheit macht uns erkennend, weise.

Gemäßigte Zone oder Tropen? — Nun wissen wir die Antwort auf diese Frage, an deren Stelle wir — der Verständlichkeit halber mit vollstem Rechte die gleichbedeutende Frage setzen dürfen: Land des Winters, der Kälte und der Nacht oder: Land des ewigen Sommers, der größten Wärme, des größten Lichts? — oder — und das ist die beste Fassung der Frage — Tod oder Leben?

> Ich tat, was ich dachte. Ich floh den Tod:
> Des Nordens Grau und Schwarz und Weiß,
> Des Nordens Kälte und des Nordens Nacht.
> Wo Immergrün und Immerblau ich finde,
> Wo immer Sonnenschein mein Herz erfreut,
> Den Geist erhellt und füllt mit neuem Schaffen
> Da ging ich hin, vom Tode halb zernagt.
> Wo immer Leben, Licht ob meinem Haupte,
> Wo nimmer Kälte mir das Blut erstarrt
> Und lange Nacht den Geist mit Wolken füllet,

Da wollt ich meines Lebens schwache Flamme
Zu ruhigem, strahlend-heiterm Licht entzünden.
Durch Helios Licht, das ich als Geist verehre,
Durch seine Wärme, die ich Liebe nenne,
Wollt ich, wo eignen Geists und Herzens Schwäche,
Erwecken tiefsten Geist und größte Liebe.
So kam's, daß ich Europa ganz verließ.
Und Kabakon, ein Südseeparadies,
Ein Kokoshain und trop'scher Sonnenpark,
Wird spenden Leben mir und neues Mark.
Und wenn nicht mich, so wird der Freunde Schar,
Die sich hier sammeln wird von Jahr zu Jahr,
Der Sonnengott mit seinen heil'gen Kräften
Erfüll'n mit heil'gen reinen Säften
Und was im Norden jetzt in Stein[17] zu sehn,
Wird hier als jauchzend Leben auferstehn.

Kabakon ist eine Kokos- und Fruchtplantage im Bismarckarchipel, die südwestlichste Insel der Neu-Lauenburggruppe. Es ist 66 ha groß und kann zurzeit 40—50, in sieben Jahren 2—300 Personen mit Tropenfrüchten, eventuell auch mit Brotfrucht, Kochbananen und süßen Kartoffeln ernähren. Es ist die erste Kolonie des von mir ins Leben gerufenen Sonnenordens, einer äquatorialen Siedelungsgesellschaft, der den doppelten Zweck hat:

1. Seinen Mitgliedern die denkbar besten Lebensbedingungen bietend, große, edle, gute, urgesunde — ganze Menschen aus ihnen zu züchten.

2. Ein internationales tropisches Kolonialreich des Fruktivorismus zu begründen, indem er um den ganzen Äquator ein engmaschiges Netz von Kolonien reinen, nackten, fruktivorischen Lebens legt.

Der Sonnenorden wird zunächst Kabakon besiedeln, von da aus den Bismarck-Archipel, dann Neuguinea und die Inseln des Stillen Ozeans, schließlich das tropische Zentral- und Südamerika, das tropische Asien und das äquatoriale Afrika.

Ich fordere alle Fruktivoren und Freunde der naturgemäßen Lebensweise auf, mitzuhelfen bei dem Bau des Palmentempels des Fruktivorismus, den es aufzurichten gilt, mitzuwirken bei der Gründung des fruktivorischen

---

[17]Der Idealmensch, die Schönheit, der Adel in Menschengestalt, wie wir ihn in unsern Kunstmuseen bewundern können.

Weltreichs. Die Waffe, mit der wir kämpfen und siegen werden, ist die höchste Bedürfnislosigkeit mit ihrem glänzenden, imposanten Gefolge geistiger und körperlicher Tugenden und Kräfte.

Mutig voran, den Blick auf die Sonne, den Urquell des Lebens!
Die Aufnahmebedingungen der äquatorialen Siedelungsgesellschaft sind:

1. Empfehlungen zweier glaubwürdiger Personen.

2. 1000 Mk. einmalige Einzahlung. Unbemittelte nach Verhältnissen. Arme nichts. Der Sonnenorden will in erster Linie tüchtige, edle Charaktere, in zweiter Linie ist ihm Geld von Nöten zwecks Gründung und Ausstattung neuer Kolonien, um so möglichst vielen, gleichviel ob arm oder reich, die Bedingungen eines absolut naturgemäßen, fruktivorischen Lebens bieten zu können.

Alle Zuschriften bitte unter Beifügung des Rückportos zu senden an

August Engelhardt
Kabakon bei Herbertshöhe
Deutsch-Neuguinea.

Wie der Gesamtheit du dienst am besten in jeder Beziehung?
Diene der Sonne, o Freund; dann wirst du zur Sonne der Menschheit!

Anm. Ich bitte alle Leser dieses Artikels, die neue, wichtige Gründe für die Tropen als einzig wahre Heimat des Menschen wissen, mir dieselben gefälligst mitteilen zu wollen. Ich werde in späteren Auflagen dieser Broschüre darüber berichten. Für alle freundlichen Mitteilungen besten Dank im voraus! *A. E.*

20. Eine botanische Reise vom Äquator zu den Polen oder Vom Leben in den Tod.

Meyen teilt die Erdoberfläche in 8 (eigentlich 15) Zonen,[18] nämlich:

1. Die Äquatorialzone, heiße Zone oder die Zone der Palmen und Pisanggewächse: auf beiden Seiten des Äquators bis zum 15.° nördlicher und südlicher Breite; Meereshöhe (Höhe von der Meeresfläche an gemessen oder gerechnet) bis zu +21-23° R (26-28° C). — Die senkrechten Strahlen der

---

[18]Aus C. Hoffmann, Pflanzenatlas.

Äquatorialsonne erzeugen in dieser Zone überall da, wo es nicht an Feuchtigkeit fehlt, eine üppige Entwicklung der mannigfachsten und großartigsten Formen des Pflanzenreichs. Hier gedeihen die kolossalsten Waldbäume, die prachtvollsten Blumen, die gewürzigsten Früchte; hier sind die verschiedenen Arten der prächtigen und nützlichen Bananen (Pisangs), die segensreichsten Palmenarten (Kokos-, Dattel-, Öl-, Wein-, Areka- und andere Palmen) heimisch. In dieser Zone wachsen eine Menge ausgezeichneter Nahrungs-, Arznei-, Gewürz-, Färb- und anderer Nutzpflanzen, von denen wir hier nur folgende anführen: Maniok, Yams, Bataten, Zuckerrohr, Reis, Kaffee, Kakao, Vanille, Pfeffer, Zimt, die sog. Brotfrucht, Ananas, die Chinabäume; die verschiedenen Eben-, Eisen-, Mahagoni-, Teak-, Kampesche-, Femambuk-Holzbäume; dann Baumwolle, die besten Hanf- und Flachsarten, Tabak, Indigo; die feinsten Öle, Balsame und Harze. Reizend schöne, kolossale Lianen (Schlingpflanzen) überspannen, von Baum zu Baum kletternd, große Urwälder; riesige Farne und Kakteen; wunderbar geformte und gefärbte Orchideen und andere prächtige Parasiten haben hier ihre Heimat und versetzen den Beschauer in Bewunderung und Entzücken.

2. Die zwei tropischen Zonen oder die Zonen der Feigen, Baumfarne und Palmen: vom 15.-23.° nördlicher und südlicher Breite; einer entsprechenden Meereshöhe von 600 bis 1300 m; mittlere Temperatur von +17-21° R (21-26° C). Die Vegetation ist ungefähr die gleiche wie in der vorigen Zone; Palmen, Feigen, Lianen, Orchideen, Kakteen usw. sind auch hier heimisch, nur in einer etwas weniger großartigen Entwicklung; dazu gesellen sich namentlich Pfeffersträucher, Windenarten, Zuckerrohr, Tabak, Brotfrucht- und Maulbeerbäume, baumartige Farne und Massen sonderbar gestalteter Kaktuspflanzen. Urwälder, sumpfige Gebüsche (Dschungeln) und an der Meeresküste Bambus- und Manglewälder bedecken große Landstriche.

3. Die zwei subtropischen Zonen oder die Zonen der Myrten und Lorbeeren: je von den Wendekreisen bis zum 34.° nördlicher und südlicher Breite und einer mittleren Temperatur von +14-17° R (17-21°C); sie entsprechen einer Höhe von 1300-900 m unter dem Äquator. Hier zeigt die Vegetation immer noch durch alle Jahreszeiten hindurch ein immergrünes Kleid, daneben aber viel deutlicher einen Übergang zu den gemäßigten Zonen. Außer einzelnen Palmen, Euphorbien und Aloearten, dem Drachenbaum usw. aus der vorigen Region sind hier charakteristisch die immergrünen Waldbäume, die Myrten, Lorbeeren, in Persien Walnuß-, Maulbeer-, Mandel-, Feigen-,

Pfirsichbäume; in China der Teestrauch; Hesperiden (Orangegewächse), Friken, Fettpflanzen und Pelargonien, Zwiebeln und Rettige, welche hier fast überall gedeihen; auf einigen Strecken eigen sich auch die ersten Weiden, Pappeln und Eichen, auf einigen (in Bengalen) werden im Sommer Reis, Indigo und Baumwolle, im Winter Tabak, Flachs, Hanf, Wein, Mais und mehrere unserer Getreidearten gebaut. Auf der nördlichen und südlichen Halbkugel sind die großen Steppen, Pampas, charakteristisch.

4. Die zwei wärmeren gemäßigten Zonen[19] oder die Zonen der immergrünen Laubhölzer: vom 34.-45.° nördlicher und südlicher Breite; sie entsprechen einer Höhe von 1900-2500 m unter dem Äquator; mittlere Temperatur von + 10-14° R (12-17° C). Auf der südlichen Halbkugel wachsen immergrüne Eichen und Nadelhölzer, strauch- und baumartige Gräser und Farne; auf der nördlichen dagegen Laubwaldungen, Magnolien, Weinreben, dornige Rosen, Stauden und Sträucher mit Stacheln und schönen Blüten. Es gibt hier noch wenige Wiesen, dagegen (in Nordamerika und Asien) ausgedehnte Steppen (Prärien).

5. Die zwei kälteren gemäßigten Zonen[20] oder die Zonen der blattwechselnden Laubhölzer: vom 45-58.° nördlicher und südlicher Breite, von 2500 bis 3200 m Höhe und einer mittleren Temperatur von +5-10° R (6-12° C). Diese Zone umfaßt ganz Mitteleuropa und somit auch Deutschland. Sie ist charakterisiert durch Buchen- und Eichenwälder, Eschen, Pappeln, Ulmen, Linden, einzelne Nadelholzwaldungen; ausgedehnte Wiesen und Weiden; Heiden und Moore; kerne- und beerentragende Sträucher und Stauden; Winterruhe der Vegetation und Wiedererwachen derselben im Frühlinge.

6. Die zwei subarktischen oder kalten Zonen, die Zonen der Nadelhölzer: vom 58.-66.° nördlicher und südlicher Breite; von 3200-3800 m Höhe und einer mittleren Temperatur von +3-5° R (4-6° C). Diese Zone umfaßt in der nördlichen Erdhälfte Island, Schweden und Norwegen, den größten Teil von Rußland und Sibirien, Kamtschatka; in Amerika die britischen Besitzungen bis zur Breite der Hudsonsbai. Sie zeigt auf der südlichen Halbkugel beinahe den Charakter der Polarzone; Nadelholzwälder herrschen vor; Einzelne, meist verkrüppelte Birken, Erlen, Weiden und Zitterpappeln, nur einzeln zu finden sind. Auf der nördlichen Halbkugel befinden sich große Nadel-

---

[19]Hierzu gehört ganz Südeuropa: Griechenland reicht vom 35. bis 40.°, Spanien vom 36. bis 44.°, Italien vom 36,5 bis 46,5.°, Frankreich vom 42. bis 51.°.

[20] Deutschland liegt zwischen dem 47. und 56.°, England zwischen dem 50. und 59.°.

holzwaldungen, einzelne, meist verkrüppelte Birken, Erlen, Weiden und Zitterpappeln, Gestrüpp und Wacholder, Heidekraut, Heidelbeeren; Gartengewächse und Getreide gedeihen nicht mehr, von Nahrungspflanzen nur Kartoffeln, eßbare Tange und Flechten. Größere Strecken sind mit Ried- und Cypergräsern, Sumpfstrecken mit Torfmooren bedeckt.

7. Die zwei arktischen Zonen, die Zonen der Alpensträucher: vom 66.-72.° nördlicher und südlicher Breite, einer Höhe von 3800-4500 in entsprechend und einer mittleren Temperatur von -1,5° R (2° C). In dieser Region liegen Lappland, das nördlichste Sibirien, Grönland und die Küstenländer des arktischen Ozeans. Baumartig findet sich nur noch die Zwergbirke; charakteristisch sind einige Beerensträucher, Wacholder, Weidensträucher und Heidekraut; große, mit zahlreichen Herden zahmer und wilder Renntiere, bevölkerte Strecken (Tundras), auf denen fast ganz die ärmliche Existenz der Lappländer und nordsibirischen Völker beruht, sind mit Renntierflechten und Moosen bedeckt.

8. Die zwei Polarzonen, die Zonen der Alpenkräuter: vom 72.-90.° nördlicher und südlicher Breite, einer mittleren Jahrestemperatur von -4,4° R (5,5° C); sie entsprechen einer Höhe von 4-5000 m unter dem Äquator. Zu ihnen gehören Nowaja Semlja, das nördlichste Rußland, Nordgrönland, Spitzbergen und andere Inseln. Hier dauert der Sommer, obwohl seine Wärme bisweilen bis zu 20° R steigt und dann prachtvoll gefärbte Alpenblumen hervorbringt, höchstens 3 Monate; von Anfang November bis Ende Januar ist die Sonne verschwunden, und es herrscht ewige Nacht. Die meisten Länder sind von ewigem Eis bedeckt oder umstarrt; es gedeihen nur noch einige niedere Beerenkräuter und kleine, hier und da Rasen bildende krautartige Pflanzen und Kryptogamen.

21. Vom Tod zum Leben, vom Nichts an um Überfluß. Eine landwirtschaftliche Reise.

Zu weiterer, allgemeiner Charakteristik der fünf verschiedenen Pflanzenzonen entnehmen wir dem Kosmosatlas folgende Darstellung: „Die Flora der Polargegenden (der zwei kalten Zonen) ist eine andere als die der gemäßigten Zone, ist auf Anhöhen beschränkt, welche gegen Süden zu gerichtet sind. Außer Moosen und Flechten, deren eigentliche Heimat die Polarzone ist, sind hier Farnkräuter, Kriechpflanzen und Beerensträucher heimisch, deren Früchte nirgends so gut gedeihen und soviel Saft haben als in den nordischen Gegenden Sibiriens, Lapplands und des arktischen Skandinaviens und Nordamerikas. Der Baumwuchs der Polarländer beschränkt sich auf Birken und Weiden, doch bleiben sie meist Krüppel; die Kiefer kommt in Skandinavien noch bis zum 70.° vor; von Getreide wird Gerste daselbst noch an Orten gebaut, deren mittlere Wärme unter 0° steht, und nur die hohe Temperatur der drei Sommermonate, die bis 20° steigt, vermag die geringe Jahreswärme zu ersetzen und die einjährige Pflanze zur Reife zu bringen. Die gemäßigte Zone der nördlichen Hemisphäre muß in Bezug auf die Vegetation in zwei Hälften geschieden werden, deren Grenzen durch örtliche Verhältnisse zwischen dem 50. und 40.° der Breite schwanken. Auf ihrer Polargrenze erstreckt sich das ewige Grün der Fichten, und Tannen noch weit in die kalte Zone hinein; in ihrer nördlichen Hälfte gedeihen mehrere Obstsorten, wie der Apfel-, Birn-, Kirsch- und Pflaumenbaum, gewisse Gemüsepflanzen, wie Kohl, Erbsen, Rüben, weit besser, oder werden in größerer Menge gebaut als in der südlichen Hälfte. Das Grün der Wiesen ist daselbst lebhafter, besonders in der Nähe der Küsten, und je mehr man in ihr nach Süden vordringt, um so mehr gewinnt die Eiche, der Ahorn, die Ulme, die Finde die Oberhand über Fichte und Tanne. Der südlichen Hälfte der gemäßigten Zone gehören vorzugsweise die Olive, die Zitrone, die Orange und Feige und unter den wildwachsenden Bäumen die Zeder, die Zypresse und -der Korkbaum an.

Eine merkliche Differenz besteht diesseits und jenseits des 45.° der Breite zwischen der Kultur der Gemüse: die Bohnen, Linsen und Artischocken scheinen im Süden dieser Grenzlinie heimisch zu sein; die Zwiebeln haben daselbst weniger Schärfe und sind von lieblichem Geschmack, und mehrere aromatische Vegetabilien, unter ihnen die Trüffel, kommen nördlich von jener Linie nicht in derselben Güte fort als südwärts. Der Weinstock und der Maulbeerbaum nehmen die Mitte ein zwischen 30 und 50°. Des ersteren eigentliche Heimat ist südlich von 45°; da, wo er nördlich von diesem Breitegrad vorkommt, ist er der Zivilisation gefolgt und heimisch geworden im Gebiet der atlantischen und Nordsee-Ströme Westeuropas, im österreichischen Stufenland und auf den südlichen Abhängen Hoch-Ungarns. Die Pfirsiche, die Aprikose, die Mandel und die Quitte, die Kastanie und der Nußbaum fürchten ebensowohl die Nachbarschaft des Wende- als des Polarkreises. Unter den Getreidearten bequemen sich Gerste und Hafer am besten nach der Kälte; zwischen dem 60. und 40.° der Breite füllt der Landmann seine Speicher mit Roggen, Weizen, Hirse und Heidekorn und beneidet nicht die südlicheren, gegen den Wendekreis gelegenen Klimate um ihren Reis, ihren Mais und andere ähnliche Getreidearten, die zum Teil noch bis zum 50.° der Breite fortkommen. Schöne Eichenwälder, prächtige Obstgärten und grüne Wiesenflächen charakterisieren die nördliche Hälfte der gemäßigten Zone Europas; übersteigt man die Alpen, Sevennen und Pyrenäen, so erstaunt man über das im allgemeinen entblößte und verbrannte Ansehen der südlichen Hälfte, in welcher nur einige Lokalitäten hoch begünstigt durch vegetabilisches Leben sind und au die Stelle des nordischen Baumwuchses Olivenwälder, Zitronen- und Orangenhaine treten. An der atlantischen Küste Nordamerikas und im chinesischen Tieflande berühren sich die Klimate der kalten gemäßigten Zone und der Tropenregion und gehen ineinander über, wodurch die angenehmste Mischung der nördlichen Vegetation mit der heißen Zone hervorgebracht wird. Die heiße Zone besitzt vegetabilische Schätze, die man bis jetzt vergeblich in andere Gebiete der Erde zu verpflanzen gesucht hat. Die brennenden Sonnenstrahlen erheben in ihr die Pflanze zum Strauch, den Strauch zum Baume; hier ist das Vaterland des Zuckerrohrs, des Kaffeebaumes, der Palmen, des Brotfruchtbaumes, des Pisangs, des riesigen Boabab, der Gewürznelken, des Pfefferstrauches und des Kampferbaumes. Sie bietet die verschiedenartigsten Farbehölzer und eigentümliche Getreidearten, wie Durra, Holkus, Kambru und Kebru; in ihr entwickeln die Pflanzen die majestätischsten Formen: die Rinde der Bäume ist mit Flechten und Moosen und den mannigfaltigsten Schmarotzerpflanzen bedeckt; das Zimbidium und die wohlriechende Vanille beleben den Stamm des Anacardium und des gigantischen Feigenbaumes; Bauhinien, schlängelnde Passionsblumen und Banisterien mit goldgelben Blüten steigen an den Stämmen der Waldbäume empor, und köstliche Blumen wachsen aus den Wurzeln des Theobroma, wie aus der dicken, rauhen, schwarzen Rinde des Kalebassenbaumes und der Gustavia. Die Pflanzen bieten mit ihrer Fülle von Saft ein glänzenderes Grün und größere Blätter dar als in den Klimaten des Nordens; Bäume, doppelt so groß als unsere Eichen, schmücken sich mit Blumen, die ebenso groß und schön sind als unsere Lilien, und nur die in Geselligkeit lebenden Pflanzen, welche den Anblick europäischer Felder so eintönig machen, fehlen der Tropenzone fast ganz.

22. Nutzen der Kokospalme.

Die Menge von Nüssen,[21] welche eine einzige Kokospalme hervorbringt, ist ungeheuer, mindestens 20-25 Stück monatlich werden gereift, und da die Nuß sehr nahrhaft ist, so ist ihr Nutzen sehr groß in tropischen Klimaten, wo Feldarbeit unerträglich sein würde. Außer der Nuß, dem Coir oder Faserstoff und dem Kokosnußöl produziert die Kokospalme auch noch Toddy oder Palmwein, den man zwar von verschiedenen Palmen, aber namentlich von dieser gewinnt. Man versichert gewöhnlich, der Toddy werde dadurch gewonnen, daß man den Palmkohl oder die jungen Blätter ausschneide, welche das Herz des Baumes bilden, worauf aus der so hergestellten Wunde der Saft fließe, welchen man sammelt, und der sich durch Gärung in Palmwein verwandle, worauf der Baum absterbe. Dies ist aber nicht der Fall, sondern man schneidet die Spadix oder Blütenscheide an, und aus dieser fließt der Saft. Die Blüte, deren Scheide auf diese Weise angeschnitten wurde, schlägt dann allerdings fehl und trägt keine Früchte; da aber die Kokospalme zwölf Ernten im Jahre liefert, so geht nur ein einziger Monat verloren, wenn die Operation richtig vorgenommen wird. Die Kokospalme trägt monatlich; allein da, wo sie förmlich kultiviert wird, trägt man Sorge, die Blütenbüschel etwas auszubrechen und in jeder Blütenscheide nur sechs bis zehn Früchte ansetzen zu lassen, weil die Nüsse sonst an Größe und Qualität zu sehr ausarten. Aus dem gewonnenen Toddy kann durch Verdampfen auch Zucker gewonnen werden, welcher zu verschiedenen Zwecken dient. Das Holz der Kokospalme gibt ein geschätztes Bau- und Brennholz.

Gegenwärtig werden in Großbritannien jährlich fünf bis sechs Millionen Kokosnüsse im Gewicht: von 5-6000 Tonnen und etwa $3\text{-}3\frac{1}{2}$ Millionen Kilo Kokosnußöl eingeführt, und man kann daraus schließen, wie ungemein groß der Anbau der Kokospalme ist, von deren Früchten schon in ihrer Heimat kolossale Mengen verbraucht werden. Früher wurden die Kokosnüsse nur als Kuriosum in Europa eingeführt; jetzt werden sie aber auch in Europa auf Öl verarbeitet. Sie werden von den Schiffen meist als Ballast mitgenommen.

---

[21] Aus Dr. Karl Müller, Praktische Pflanzenkunde. Verlag von Julius Hoffmann, Stuttgart 1884.

23. An die Freunde paradiesischen Lebens!

Alle Freunde des natürlichen, sonnigen Lebens, alle sonnensehnsüchtigen, alle fruchtessenden Lichtluftmenschen der Theorie und Praxis zu gleicher Zeit laden wir herzlich ein, ihre Heimat mit der Kokosinsel Kabakon im Bismarckarchipel zu vertauschen, um hier ein durchaus reines, naturgemäßes Leben zu führen. Was nützt alle Sehnsucht nach dem Paradiese, wenn wir nicht selbst mit uns anfangen und in wie außer uns die Bedingungen zum paradiesischen Leben schaffen? Vergesset nie, daß nicht die Rückkehr zur Fruchtdiät oder zur Nacktheit die Hauptsache ist, sondern die Rückkehr in das allein menschenwürdige Klima, in den ewigen Sommer der Tropen. Nacktheit und Fruchtdiät sind die logischen Forderungen und für den natürlich Fühlenden die natürlichen Konsequenzen des feuchtheißen Tropenklimas. Wir müssen das Übel bei der Wurzel fassen.

Toter, kalter Winter, nackte, warme Haut, lebendige Früchte — das ist eine krasse Dissonanz. Pelzmantel und dampfender Hasenbraten und Winter, das ist eine Harmonie. Ebenso harmonieren Tropensonne, Nacktheit und Kokosnüsse miteinander, nicht aber Tropensonne, Jägeranzug und Beefsteak. Wir müssen uns ernstlich, abgewöhnen, die Ernährungs- und Lebensfragen aus der kleinlichen Perspektive des Lokal- und Nationalpatriotismus zu betrachten. Wir müssen uns als Lichtluftgeschöpfe, als Sonnenwesen, als kosmische Wesen empfinden lernen und nach kosmischen, physischen Gesichtspunkten, unsern Wohnsitz wählen. Nicht Partei- und Nationalpolitik, nicht Menschenpolitik —

Sonnenpolitik!

Allen jenen, die von dem „Deutschland, Deutschland über alles!" durchdrungen sind, möchte ich sagen, daß Deutschland heutzutage weiter reicht als von der Maas bis an die Memel und von der Etsch bis an den Belt, und ihr recht gut intensive Sonnen- und Palmenpolitik treiben könnt, ohne deshalb schlechte Patrioten sein zu müssen. Wir haben jetzt ein Groß-Deutschland, das sich auf vier Erdteile verteilt. Wir haben ein tropisch Deutsch-Westafrika, Togo und Kamerun, im Bereiche der Ölpalme und des Schibutterbaumes. Wir haben ein Deutsch-Ostafrika im Bereiche der Kokospalme. Wir haben einen herrlichen Besitz in der Südsee, das Kaiser-Wilhelms-Land, den Bismarckarchipel nebst zwei Salomoninseln, die Karolinen, Marianen- und Palauinseln, die Marshall- und Samoainseln. Deutsch-

Australien ist so recht die Heimat der Kokospalme und des Brotfruchtbaumes. Hier in diesem deutsch-tropischen Afrika und Australien soll und muß der deutsche Vegetarierpatriot sein wahres Wirkungsfeld suchen und finden. Der nackte tropische Fruktivorismus, Palmivorismus, Kokovorismus — das ist der einzig wahre Vegetarismus. Wer unter Vegetarismus die Kunst versteht, im winterlichen Deutschland mit Getreide, Gemüsen, sauren Früchten nebst Hasel- und Walnüssen sein Leben zu fristen, statt undurchlässige Kleider durch lässige poröse Stoffe zu tragen, statt schwerer Lederschuhe leichte Sandalen, statt alkoholischer und rauchgeschwängerter Lokale alkohol- und nikotinfreie Fruchtsaft- und Milchrestaurants zu besuchen, der hat kein Recht, sich Vegetarier zu nennen, sofern der Vegetarismus die bewußte Erfüllung unserer Lebensbedingungen ist. Er steckt noch bis über die Ohren in Unnatürlichkeiten. Er mag sich Nichtfleischesser, Alkoholgegner, Nichtraucher nennen, aber nicht: Vegetarier oder gar „Natürlicher". Gott bewahre uns vor solcher Natürlichkeit. Der Vegetarismus fängt erst innerhalb der Wendekreise an.

Der Mensch ist von Hause aus Tropenkind, Sonnenkind. Auch die Deutschen. Dr. Heinrich Böttger sagt in seiner äußerst interessanten Schrift: „Sonnenkult der Indogermanen, insbesondere der Indoteutonen"[22]: Vor mir hat noch niemand versucht, den Sonnenkult der Indogermanen, insbesondere der Indoteutonen, zu erweisen: der Indogermanen, das sind die aus Indien in Europa eingewanderten Bewohner dieses Erdteils, insbesondere aber der Indoteutonen, das sind diejenigen unter ihnen, welche den Sonnengott Teuto als Ursprung und Begründer des Volkes der Teutschen verehrten. Über sie hatte Teuto das von seinem Sohne Manus abstammende „königliche Geschlecht", diese „Halbgötter", zum Herrschen an seiner Statt gesetzt, unter deren Führung sie, aus den paradiesischen Tälern des Himalaja nach und nach immer weiter gedrängt, neue Wohnsitze suchend, ein Land eroberten, welches sie nach dem Namen ihres Sonnengottes Teuto Teutschland nannten.

Es gibt viele Vegetarier in Deutschland, die nicht über die Grenzen ihrer engeren Heimat hinaussehen. Sie haben für die auswanderungslustigen Tropenfreunde die Bezeichnung „Europamüde" erfunden. Sie hatten die Magenfehler ihrer Vorfahren satt. Darum gaben sie das Fleischessen auf und

---

[22]Breslau, Verlag von Leopold Freund, 1890. Seite XXXI.

wurden Vegetarier. Wir haben die Lungen- und Hirnfehler unserer Vorfahren satt. Darum geben wir Europa auf und ziehen hinab in die warmen, winterlosen, sonnigen Tropen. Bei uns gesellt sich zu der Fleischmüdigkeit die Winterklimamüdigkeit. Haben wir denn eine Verpflichtung, die grenzenlosen Torheiten unserer Ahnen in alle Ewigkeit zu wiederholen? Möchten doch die noch nicht Europamüden den §20 in dem zitierten Werke Böttgers nachlesen. Er ist überschrieben: „Was verdanken die asiamüden Auswanderer, die Indogermanen in Europa, und unter ihnen die aus Indien in das von Tacitus in seiner Germania beschriebene Land Teutschland eingedrungenen Indoteutonen dem Sonnengotte, dem sie vor allem weiße Rosse und Menschen opferten". Er beginnt: „Die Sonne des Lebens, der älteste aller Götter, der Vater und Gott aller Götter, dem alle andern unterworfen sind, ist der höchste Gott, der Urheber von allem, was vorhanden ist; er lebt durch alle Zeiten, hat Himmel, Erde und alle Dinge erschaffen; der Urheber der Luft, der Wärme und des Lichts, der Schöpfer des menschlichen Lebens, hat alles, was sich bewegt und fest ist, belebt. Er ist der Ursprung des organischen Lebens und der Erreger und Befruchter des Keims der menschlichen Erzeugung. Er bildete den Menschen und gab ihm einen lebendigen Geist und eine unsterbliche Seele. Aus ihm wird geboren der Geist, der Verstand nebst allen Sinnen. Er ist der Ursprung der großen, gemeinsamen Bruderfamilie, der Beginn jedes Volkes, der Allvater der Menschen."

Er schließt: „Deshalb verkündigten geflügelte Sonnenscheiben über jedem Eingang der Tempel und Privathäuser, deshalb die Bildpfeiler des Sonnengottes an den Straßen, Häusern und Marktplätzen seinen Schutz für dieselben; deshalb zeigen noch jetzt Pferdeköpfe, Hähne und Schwäne den Einfluß des segenspendenden, schützenden, erlösenden, zum ewigen Leben führenden höchsten Gottes auf alle Verhältnisse im Leben und nach dem Tode und bringen ihm bei seinem Erscheinen am östlichen Himmel tagtäglich stumme Dankopfer dar.

Möchten auch wir, die Bewohner der Häuser, einst überall mit solcher Giebelzierde beim Anbruche jedes Morgens, wie die Indogermanen, unsere heidnischen Vorfahren, zu ihm, dem höchsten Gotte, aufschauend, rufen: „Verscheuche unseres Herzens Leid und Furcht, beschütze uns auch heute, sei gnädig uns und unsern Kindern, dem Hause und der Familie! Beschütze uns alle Zeit mit deinen Segnungen!"

In der Anmerkung 173 sagt Böttger von den Sachsen: „Den Gottesdienst verrichteten sie am östlichen Tore (bei Sonnenaufgang). Sie waren nämlich Sonnendiener wie alle Deutsche, und diese haben auch im Christentum das Chor ihrer Kirchen gegen Sonnenaufgang gebaut und ihre Toten mit den Füßen gegen Osten, dem Haupte gegen Westen begraben, damit sie ebenso ruhen, wie sie in der Kirche knien und bei der Auferstehung dem kommenden Licht entgegenschauen."[23]

Das Christentum hat den immanenten Sonnengott verdrängt und den unsichtbaren Geistgott an seine Stelle gesetzt. Es war eine psychologische Konsequenz des Lebens im Norden, im Reiche des trüben, kalten Winters, wo die Natur dem Menschen mehr feindlich als freundlich entgegentritt, und wo er darauf angewiesen ist, die dürftigen Gaben der Sonne durch die Gaben der Erde zu ersetzen, daß der sichtbare, sinnliche Sonnengott entthront und als Heidengott verachtet wurde, und daß der unsichtbare, übersinnliche Geistgott an seine Stelle trat. Die nordische Sonne ist zu wenig allmächtig, allgütig und allgegenwärtig im Vergleich zur Sonne Indiens, als daß sie den Rang der Gottheit hätte behaupten können.

Es ist eine psychologische Konsequenz für die zum Äquator zurückkehrenden Sonnenkinder, daß sie in ihrem Geiste an die Stelle des unsichtbaren Christengottes den sichtbaren Lichtgott, den Spender alles Lebens, die Sonne, setzen. Je mehr der Mensch Licht in seinem Innern wird, um so mehr wird er erkennen, das das Licht die Sichtbarkeit des Geistes ist, und daß der Spender allen Lichts und Lebens, die Sonne, eine allweise und allgütige Gottheit ist. Der Mensch wird in dem Maße Licht in seinem Innern, als er sein Leben dem Lichte, der Sonne, weiht. Haus und Kleid und tote tierische Speise haben Nacht und Tod in uns getragen und haben uns unfähig gemacht, den Quell unseres Lebens und unseres Glückes zu erkennen. Der nackte tropische Fruktivorismus und Sonnenkultus der Tat wird uns reinigen und erleuchten, er wird uns wandeln zu urlebendigen, glücklichen, gütigen Sonnenkindern, die ein neues Eden und Paradies gefunden haben an der Brust ihrer allliebenden Mutter Sonne.

---

[23]Mone, Geschichte des Heidentums im nördlichen Europa I, S. 57.

24. Die Kokoskultur in den deutschen Kolonien.

Zusammengestellt aus dem Jahresbericht über die Entwicklung der deutschen Schutzgebiete in Afrika und der Südsee im Jahre 1903/04 (1. April 1903 bis 31. März 1904).[24]

Nr.	Kolonie	Kopra Menge Kg.	Kopra Wert Mk.
1	Deutsch-Ostafrika	3856032	804616
2	Kamerun	—	—
3	Togo	5873	1081
4	Bismarckarchipel	3293554	694430
5	Kaiser-Wilhelms-Land	271099	54775
6	Ost-Karolinen	918006	165240
7	West-Karolinen	1767000	341416
8	Marianen	920000	229975
9	Marshallinseln	2607909	521598
10	Samoa	7614000	1370520
		21253473	

Die gesamte Kopraausfuhr der deutschen Tropenkolonien[25] betrug rund $21253\frac{1}{2}$ Tonnen. Rechnen wir hierzu die in den ausgeführten Kokosnüssen enthaltene Kopra, das sind ca. 45 Tonnen, so erhöht sich die Gesamtausfuhr auf 21300 Tonnen. Wieviel reine Kokovoren könnten von dieser Menge ein Jahr lang leben? Eine Kokosnuß genügt für den täglichen Bedarf des Menschen. Von einer Tonne, zu der man 7-8000 Nüsse, braucht, können somit 20 Personen ein Jahr lang leben. Von 21300 Tonnen 420000 Kokovoren. Die deutschen Kokovoren der Gegenwart und der Zukunft brauchen keinen Konflikt mit dem patriotischen Gebote zu befürchten: Bleibe im Lande und nähre dich redlich.

[24]Bei den West-Karolinen fehlt die Angabe der Menge. Sie exportierten nach Deutschland für 221136 Mk., nach Japan für 62655 Mk., nach anderen Ländern für 57625 Mk. Die nur nach Deutschland Kopra exportierenden Ost-Karolinen erhielten für die Tonne 180 Mk., die nur nach Japan Kopra exportierenden Marianen 250 Mk. Diese Preise wurden der Mengenberechnung zu Gründe gelegt. Für die übrigen Importländer wurden 200 Mk. als Preis der Tonne angenommen.

[25]Die Durchfuhr an Kopra, produziert auf anderen Inseln der Südsee, betrug im Kalenderjahre 1903: 1138 Tonnen à 180 = 204840 Mk.

25. Ein offener Brief an die Tropengegner.

Wenn Ihr den Vegetarismus beweisen wollt, geht und müßt Ihr gewöhnlich noch weiter gehen: Ihr beweist den Fruktivorismus und diesen, indem Ihr uns mit dem Affen vergleicht, die Fruktivoren sind, und deren Organisation genau der unsrigen entspricht. Warum überseht Ihr alle, daß diese Affen nur das Gebiet innerhalb der Wendekreise ihre Heimat nennen, daß insbesondere die menschenähnlichsten Affen ganz Kinder der Tropen sind, und daß, wenn der Mensch Fruktivore sein soll, weil es der Affe ist, er auch in die Tropen übersiedeln soll, die durch den Affen als Heimat der Fruktivoren oder normalen Vegetarier deutlich genug von der Natur gekennzeichnet sind. Wo bleibt die Logik? Wer für den Fruktivorismus ist — sei es nun theoretisch oder auch praktisch — der muß auch für den Tropismus oder Äquatorialismus, für das Leben in den Tropen oder unter dem Äquator sein. Andernfalls macht er sich der größten Inkonsequenz und Unlogik schuldig. Fruchtessertum und Land des ewigen Sommers, der fortwährenden Früchteproduktion sind unzertrennliche Begriffe. Wenn es manchen möglich ist, in Deutschland nur von Früchten zu leben, so vergesse man nicht, wieviel die Kultur dazu beiträgt, wie sehr sie Deutschlands arme Früchte mit Süd- und Tropenfrüchten ergänzt.

Und man vergesse nicht, wie ungeheuer töricht es ist, in einem Lande, das jährlich nur eine Ernte ärmlicher Hasel- und Walnüsse liefert, sich der Kultur dieser ärmlichen Produkte hinzugeben unter Lebensbedingungen, die, weil Kleid und Haus erfordernd, den Menschen langsam ertöten, anstatt unter Verhältnissen, die ein permanentes Sonnen-, Licht- und Luftbad zulassen, ja notwendig machen, Kokospalmen zu kultivieren, die jährlich zwölf Ernten liefern, und von welchen sechs Palmen völlig genügen, ja mehr als genügen, einen einzigen Menschen 60 Jahre lang ununterbrochen zu ernähren. Für den Fruktivoren, — soweit er Mensch und Denker ist und nicht Affe — sind die Nüsse, die Nervenöllieferanten, immer die vornehmliche, prinzipielle Speise: Das saftige Obst ist Zugabe, ist Gewürz, dient dazu, den leider nicht das ganze Jahr hindurch frisch erhältlichen Nüssen, die doch nur einmal geerntet werden, — ganz abgesehen davon, daß nicht jedes Jahr ein Erntejahr ist — und infolgedessen nur eine kurze Zeit lang ihren normalen Flüssigkeitsgehalt haben, die übrige Zeit mehr und mehr austrocknen, schmackhafter und feuchter zu machen. Darum kann Ackerbau nie durch Obstbau allein ersetzt werden, sondern nur durch Nußbau im Verein mit Obstbau.

Nußbau heißt die Parole der Zukunft. Die konzentrierteste Nahrung, die Nuß — sie wird und muß in unsern übervölkerten und hyperkultivierten kühlen Zonen mehr und mehr das Getreidekorn verdrängen, ersetzen. Öl statt Mehl, Licht und Wärmestoff statt Wärmestoff, unverbrannte sauerstoffarme Nahrung statt halbverbrannte sauerstoffreiche Nahrung — das ist eine energische Forderung der Logik, der Leibesökonomie, das wird die energische Forderung der Nationalökonomie, der Internationalökonomie sein. Wie sich der Mensch heutzutage aus ethischen, wissenschaftlichen und volkswirtschaftlichen Gründen vom indirekten Grasesser oder Fleischesser zum direkten Grasesser oder Halm- oder Getreide- oder Körneresser wandelt, so wird er sich morgen zum direkten Grasesser, zum Baumesser, — Nußesser — wandeln.

Und wenn Nußbau unser Ziel und unsere Aufgabe ist, und wenn Nüssebauen unser Ziel und unsere Aufgabe ist, wo bauen wir sie dann am besten und welche Nuß? Bauen wir Hasel- oder Walnuß, oder Mandeln, oder Paranuß, oder Kokosnuß, oder gar Erdnüsse? Die wenig Einsichtsvollen mögen tun, wie sie denken; sie sagen nämlich: jeder baut die Nüsse, die da, wo er beheimatet ist, am besten gedeihen. Wir aber, die Tieferblickenden und Erfahrungsreichern, fragen uns: welche Nuß enthält das größte Maß von Sonnenenergie und kann uns, den Kindern den Geistes, infolgedessen die größte Kraft des Geistes und Körpers geben — kann uns am meisten zu Athleten und Genies heranbilden. Und wir fragen weiter: welche Nuß gedeiht unter Lebensbedingungen, die auch für uns die allergünstigsten, idealsten sind, so daß wir durch den Anbau einer solchen Nuß in der Lage, ja gezwungen, ideal zu leben, d.h. immer im Adamskostüm, in Luft und Licht? Und wir fragen als praktische und kluge Menschen und als Freunde der geistigen Tätigkeit und Entwicklung: welche Nußpflanze gibt auf der geringsten Fläche mit dem geringsten Maße von Arbeit, Zeit und Kosten die größte Quantität und die beste Qualität von Früchten und ermöglicht uns somit, den größten Teil unserer Zeit unserer Selbstveredelung und dem Wohle und der Förderung unserer Mitmenschen zu weihen? Und wir fragen weiter: welche Nuß eignet sich am besten als Ersatz der Mutter- bzw. Kuhmilch und als Nahrung für alle Altersstufen? Welche Nuß ist Milch und Butter und Rahm und zahnbeschäftigender und darum festigender Kern zu gleicher Zeit oder in den verschiedenen Stadien ihrer Entwicklung? Die Verzehrung welcher Nuß ist mit der geringsten Knack- und Säuberungsarbeit verbunden? Welche Nußpflanze liefert uns nicht nur unsere Nahrung, sondern überhaupt alles, was wir zum Leben bedürfen: eventuelle Kleidung, Wohnung, Material zu Booten usf.

Wer wüßte nicht schon längst die Antwort auf all diese Fragen! Wie kann eine erbärmliche Haselnuß oder eine nicht minder erbärmliche Walnuß, wie können sie in irgend einer Beziehung heranreichen an die göttlich erhabene Kokosnuß, diesen Kaiser der Früchte, dieses Gehirn in Pflanzenform, dieses Menschenhaupt in Nußform. Wer die Sprache der weisen, zweckvollen Natur kennt, — dem sind auch diese symbolischen Eigenschaften Gründe genug für die Kokosnuß. Wo ein Wirtshaus ist, da schreiben wir es außen hin, und durch Aushängeschilder und Symbole, wie Sterne, Flaschen, Krüge, schreien wir die Passanten schon von weitem an: hier ist ein Wirtshaus, und wenn eine Hochzeit in dem Wirtshaus ist, dann brauchen wir nicht erst hineinzugehen und zu fragen: ein Blumenteppich auf dem Trottoir und eine Girlande an der Tür verraten uns schon das freudige Fest. Wo ein Hutgeschäft ist, da legen wir Hüte in die Auslage, und eiserne Hüte hängen vor dem Laden und rufen allen schon von weitem zu: hier gibt's Hüte, brauchst du einen? Komm herein und kaufe hier.

Und die Natur, die den Menschen geschaffen hat, der sich so zweckmäßig betätigt, der das Bestreben hat, den Inhalt einer Sache durch ihre Form und ihr Gebahren zu kennzeichnen, sie sollte des Menschen Nahrung und Mutterpflanze nicht gekennzeichnet haben, sie sollte die Nahrung des edelsten Wesens nicht gezeichnet haben mit den Symbolen ihres Adels? Sie sollte nicht die edelste Pflanze dazu gewählt haben und hoch oben im Äther die Frucht reifen lassen, die für den edelsten, erhabensten Geist der Erde bestimmt ist? Und sie sollte dieser Frucht nicht die Form und die Zeichen ihrer hohen Bestimmung gegeben haben, den Menschen, das Menschenhaupt zu ernähren? Wißt Ihr nun, liebe Freunde, weshalb die Kokosnuß, die Königin der Nüsse, die Form des Menschenhauptes hat, warum zwei Augen und einen Mund und Haare und die Nähte des Hauptes? Und wißt Ihr nun, warum eine Palme des Menschen Mutter ist und warum diese Palme der größte Liebling der Sonne ist gleich dem Menschen selbst? — Versteht Ihr nun, warum der Kokospalme Heimat des Menschen Mutterland, seine Heimat ist, warum der Mensch in die Tropen gehört, und warum er nur in den Tropen Mensch sein und wieder Mensch werden kann.

Kabakon, den 11. August 1905.

August Bethmann, August Engelhardt, Heinrich Konrad.

Den religiösen Denkern!
Den denkenden Religiösen!

26. Christus, Buddha, Mohammed.

Deutschland reicht vom 55.-48.° nördl. Breite,
Palästina reicht vom 33.-31.° nördl. Breite,
Arabien reicht vom 30.-42.° nördl. Breite,
Indien reicht vom 35.-6.° nördl. Breite.

Die drei größten Religionsstifter der Erde sind Kinder heißer Klimata, sind Kinder der Tropensonne. Ihre Heimatländer liefen sämtlich südlich der 30°-Jahresisotherme. Als Kinder von Sonnen-, von Fruchtländern lag es nahe, in der Bedürfnislosigkeit und der daraus erwachsenden Nächstenliebe das Glück und die Weisheit des Lebens zu erkennen. Die Religion Christi, die Buddhas und die Mohammeds sind Erzeugnisse tropischen Sonnenäthers; sie sind untrennbar von dem Klima, dem sie entstammen. Der wahre Christ, Buddhist, Mohammedaner — er ist nur möglich in einem tropischen Klima, in dem er bedürfnislos und altruistisch im umfassendsten Maße sein kann. Wo der Himmel, die Sonne dem Menschen alles gibt, da kann der Mensch dem Menschen alles geben.

Mit zunehmender Entfernung vom Äquator wird, muß der Mensch werden: ein in erster Linie für sich selbst sorgendes Wesen, — egoistisch, unchristlich, unbuddhistisch. Darum keine Allerweltsmission ohne die erste und wichtigste Bedingung aller rationellen Mission; ohne Bewirkung und Inszenierung menschlicher Äquatorialströme, ohne Aufruf zur Rückkehr in das Reich und die Heimat des wahren, bedürfnislosen, nächstenliebenden Christentums, Buddhismus, Mohammedanismus, ohne Aufruf zur Rückkehr in die ewig liebliche, Früchte spendende Sonnenheimat: in die heiße Zone, in die Tropen.

Wenn die christliche Kirche mit mehr Erfolg als bisher Tatenchristen statt Zungenchristen heranbilden will, dann muß auch sie als erstes Motto auf ihre Fahne schreiben; Zurück zur lebenspendenden Sonne, flieht das Reich des Winters und der Höhlen (Städte Hölle). In den Tropen gibt die Sonne allen alles mit geringster Mühe. Nur dort kann auf der Erde das Reich Christi entstehen, in der Welt das Reich, das nicht von dieser Welt ist.

27. Zur Lösung der sozialen Frage.

Die soziale Frage ist gelöst, wenn alle reich bzw. wenn alle bedürfnislos sind. Die kühlen Zonen sind zu arm, um alle reich sein zu lassen, sie sind zu kalt und tot, um alle bedürfnislos zu machen. Die heiße Zone, die Tropen hingegen sind überreich, sie sind zu sonnenreich, zu lebendig, um nicht Bedürfnislosigkeit, Glück, Geistigkeit, Nächstenliebe zu identischen Begriffen zu machen. Nur durch den Anschluß aller an den Urquell allen Lebens, allen Glücks, an die Sonne, unseren himmlischen Vater, ist die Lösung der sozialen Frage, ist die Lösung überhaupt aller Fragen und Menschheitsrätsel möglich. Die Rückkehr der Menschheit in die Tropen ist die Logik der Menschheitsentwicklung. Per aspera ad astra! Europa, Nordamerika, Argentinien, Südafrika sind Riesenirrtümer, Milliardentäuschungen, sind Eintagsfliegen der kosmischen Geschichte.

Nieder mit den Polen, den Mördern des Geistes!

Hoch der Äquator, der alles belebende!

Das ist die Parole der Zukunft, das Programm der Erdordnung der Zukunft. Die Sonnenfreunde, die Hellen — sie eilen den Massen voraus und schließen schon heute und morgen ein Bündnis mit ihrem Vater Helios. Die Dunkeln, Düstern, die Winterfreunde — sie mögen mit ihren Leichen ihren Enkeln den Weg zum Äquator ebnen. Der Schmerz der Gattung, der Tod von Milliarden — der Kaufpreis der verlorenen individuellen Unsterblichkeit, des Götterglücks — des Paradieses.

28. Die Mission der Tropen.

Wir haben gesehen: Damit der Vegetarismus echt und wahr, damit er wahrhaft vegetarisch werde, muß er das Reich des Winters verlassen und tropisch, äquatorial werden; damit das Christentum rein und wahrhaft christlich werde, muß es sich wandeln zum Sonnen-, zum Tropenchristentum; damit der Sozialismus gesund und weltumfassend werde, muß der Äquator der Menschen Heimat werden. In den Tropen allein kann sich die Menschheit reinigen, harmonisch gestalten, entwickeln auf christlich-sozialer, fruktivorischer, kleiderloser Basis.

Hoch der Äquator! Nieder mit den Polen!

In diesen Worten ist der Weg zur Erlösung gegeben. Was ist der letzte Sinn dieses Mottos?

Hoch der Sommer, nieder der Winter!

Hoch Licht und Wärme, nieder mit Nacht und Kälte!

Hoch die Sonne, nieder die sonnenarmen Zonen!

Hoch der Himmel, nieder die Erde!

Wir müssen lernen, den Schwerpunkt unseres Seins in den Kopf, in den Himmel, in die Sonne zu verlegen! Wir müssen verlernen, Magensklaven, Erdwürmer zu sein. Wir müssen lernen, von der Sonne unendlicher Kraft- und Lebensfülle uns zu nähren. Wir müssen uns das mit den Augen- und Haarenessen, das Ätheressen wieder angewöhnen. Wir müssen lernen, Luft zu essen mit Haut und Lunge. Wir müssen uns den Magen langsam abgewöhnen. Wie ungeheuer viel haben wir verlernt! Wie hat uns der kalte Norden vergiftet, vermagent, vertiert, verirdischt, vererdet, ertötet. Wie ungeheuer viel müssen wir wieder lernen! Wie wird uns einst die lebendige Sonne heilen, heiligen, verlungen, verhirnen, vergöttlichen, verhimmeln, versonnen, beleben, auferwecken vom Zum-Tod-geboren-sein zur Unsterblichkeit.

Gold ist heute der Gott der Welt. Und Millionen gehen in die Sandwüsten, ziehen in die Steinwüsten, genannt Städte, und graben nach Gold. Der Weg zum Golde führt zum Tode.

Sonnengold, Äther, lebendige Kraft, Gehirnenergie, Nervenspannkraft, Wasserstoff, Ölstoff, Himmelsblau — kurz: Sonne, Himmel statt Erde, Hölle, ist der Gott von morgen und übermorgen, das neue Motto einer neuen Zeit.

Unser Gehirn ist konzentrierter Sonnenstoff, ist ein Ätherakkumulator. Heute noch füllen wir unsere Akkumulatorenbatterien auf dem Umwege des Magens, der Erde. Morgen schon werden wir uns die Haare wachsen lassen, bis daß sie die Erde berühren und uns umwallen wie ein Fürstenmantel.

Und mit diesen Millionen schwefel- und kieselsäurereichen Sauerstoff- oder Ätherkondensatoren und mit unseren Augen, die wieder gelernt haben, dem Sonnenantlitz sich offen zuzuwenden, werden wir Äther, Geist kondensieren, Sonne essen, Licht, Wahrheit trinken.

„Mein Reich ist nicht von dieser Welt."

Christi Reich war das Reich der Sonne, des Himmelsblaus, des urlebendigen Äthers, mag er es erkannt haben oder nicht. Ich glaube nicht, daß er sich der Identität von Gott und Sonne, von Äther, Wasserstoff, ölbildendem Gas, — wie es Hensel richtig benennt, — bewußt war. Er sagt: „Gott ist ein Geist" Er sagt nicht: „Und dieser Geist ist das Gestirn, das euch das Leben und den Tag gibt, ist die Sonne". Er sagt: „Sehet die Vögel unter dem Himmel an! Sie säen nicht, sie ernten nicht, sie sammeln nicht in die Scheunen, und ihr himmlischer Vater nähret sie doch." Er sagt nicht, daß die Sonne dieser himmlische Vater sei. Christus ist Metaphysiker. Seine Religion verliert sich zu sehr in der Metaphysik und vergißt darüber, dem materiellen Leben genügend Aufmerksamkeit zuzuwenden. Er gebietet: „Liebe deinen Nächsten wie dich selbst". Er fügt nicht bei: „Um Liebe geben zu können, mußt du dich von Liebe und vom Frieden nähren, darfst du nicht dein Leben auf Mord und Totschlag basieren".

Die Religion von morgen und übermorgen ist die Religion von einst und ehedem: die Sonnenanbetung der Tat; sie ist die Versöhnung des antimateriellen Christentums, des Idealismus mit dem antiideellen Materialismus von heutzutage. Sie ist nicht eine Religion, nicht ein Glaube, sie ist ein Wissen, sie ist glaubenslose Weisheit. „Materie ist verdichteter, lebensarmer Geist; Geist ist urlebendige, feinste, gasförmige Materie. Alles ist geistig, alles Sichtbare erstarrter Geist, alles ist die Sichtbarkeit, die Wahrnehmbarkeit von Ideellem, von Ideen. Materie an sich, Geist an sich existiert nicht, sind Verirrungen des Menschengeistes. Der Idealismus ist Realismus, ist Naturalismus." Das ist die neue Weisheit von morgen, die Versöhnung, Verschmelzung von Religion und Wissenschaft, neu — und doch so alt!

29. Moderne Sonnenanbeter.

Was unserer Zeit abgeht, das ist Logik, das ist Konsequenz in geistigen Dingen. Es ist zu wenig Sonne, Leben, Kraft in unseren Geistern. Sie denken zu kurz, zu wenig scharf und konsequent, oder sie denken, ohne daran zu denken, daß Weisheit ohne Betätigung eine Halbheit ist. Wir haben Tausende guter Köpfe, sie haben herrliche Ideen, aber es fällt ihnen nicht ein, irgendwie ihr Leben diesen Ideen anzupassen. Einige wenige Beispiele. Vielleicht ist jeder werte Leser dieser Zeilen ein solcher guter Denker und schlechter Täter.

Häckel, der bekannte Darwinist, sagt in seinen „Indischen Reisebriefen" S. 50: „Nicht wenig trägt sicher zu der hervorragenden Tätigkeit und Tüchtigkeit der Parsi der Umstand bei, daß sie sich von der Herrschaft der Priester in hohem Maße frei erhalten haben. Ihre Religion, die Lehre Zoroasters, ist in ihrer reinsten Form eine der edelsten Naturreligionen, auf die Verehrung der schaffenden und erhaltenden Elemente gegründet. Unter diesen gebührt der Vorzug dem Lichte und der Wärme der schaffenden Sonne und deren Abbilde, dem Feuer. Daher begegnen wir beim Auf- und Untergänge der Sonne am Meeresstrande von Bombay zahlreichen frommen Parsi, welche stehend oder auf ausgebreitetem Teppich kniend dem kommenden wie dem scheidenden Tagesgestirn ihre Verehrung betend bezeugen. Ich habe selbst den Religionsübungen keines Volkes mit innigerer Teilnahme zugeschaut als denjenigen dieser ‚Sonnenanbeter' oder Feueranbeter. Sind doch wir Naturforscher der Gegenwart, die wir in der Wärme und dem Lichte unserer Sonne mit vollem Rechte den Urquell all des herrlichen organischen Lebens unserer Erde erblicken, im Grunde auch nichts anderes als ‚Sonnenanbeter'!"

In der Tat — unsere moderne Wissenschaft sieht in der Sonne den Urquell allen Lebens. Die Sonne ist ihre Gottheit. Sie betet sie an, aber — wo bleibt die Logik, die Konsequenz solcher Erkenntnis. Ist es nicht geistige Verknöcherung, Vererdung, geistiger Halbtod, wenn ein Mensch zu der Erkenntnis kommt: mein Leben stammt von der Sonne. Die Sonne ist mein Vater — ohne daß er den kalten Norden verläßt, um zur Sonne zu eilen, nackend im Tropensonnenbade Leben, Leben, Leben zu trinken aus dem nie versiegenden Lebensfüllhorn seines wiedergefundenen Vaters? Ist das nicht eine durchaus krankhafte Beziehung zwischen Erkenntnisvermögen und Willenszentrum? Gleich den Gelehrten, so ist im Grunde genommen jeder Vegetarier ein Sonnenanbeter. Wo aber sind die Sonnenkinder der Tat? Wo die energischen Tropenfreunde, die sich sehnen, innig sehnen, heimzukehren an die Brust der Allmutter Sonne, um Leben, Weisheit zu trinken? Wo sind sie? Sie reden, halten Vorträge, schreiben Artikel, Bücher, nehmen ab und zu ein Sonnenbad — das ist alles. Viele, sehr viele wissen die Wahrheit. Aber krank, gelähmt, vererdet ist ihr Wille zur Wahrheitstat. Die Kultur mit ihrem Haus- und Kleiderleben, mit ihrem Höhlen- und Lumpenleben, der Norden mit seiner Sonnenarmut, Europa, Nordamerika hat sie vergiftet; Erdvergiftung, nordische Erdvergiftung ist ihre schwere Krankheit.

Ein anderes Beispiel. Ein eminent klarer, weitblickender Kopf, ein herrlicher Mann. Wie erkennt er das Wesen der Sonne und doch — derselbe Mangel an Konsequenz. Es ist Prof. Oskar Korschelt. Er schrieb das geistvolle Buch: „Die Nutzbarmachung der lebendigen Kraft des Äthers in der Heilkunst, der Landwirtschaft und der Technik". Es beginnt folgendermaßen: „Es ist eine Tatsache, die wohl niemand bezweifelt, daß von der Sonne alle Kräfte stammen, die auf der Erde wirken. In den Sonnenstrahlen strömt der Erde ungeheuer große lebendige Kraft zu und setzt sich hier in der mannigfachsten Weise um. Mehr oder weniger direkt lassen sich die irdischen Kräfte auf Sonnenkraft zurückführen." Weiter unten sagt er: „Auch das menschliche Leben, so gut wie das tierische und pflanzliche, ist ohne die von der Sonne zu uns kommenden Kräfte unmöglich, denn unsere Nahrung ist kondensierte Sonnenkraft, auch nehmen wir die lebendige Kraft der Sonnenstrahlen direkt in uns auf, wie die heilkräftige Wirkung der Sonnenbäder und die Tatsache beweist, daß in der Finsternis der Mensch verkümmert so gut wie die Pflanze." Seite 31 endlich singt er das hohe Lied der Allmutter Sonne in herrlicher Weise: „Alle Naturerscheinungen, alles Leben auf der Oberfläche der Planeten hat seinen Ursprung in den Sonnenkräften. In reichster Fülle, in unermeßlicher Menge umfluten uns die Kräfte, bieten sich jedem dar, der sie erfassen, benutzen will. Und so sind sie erfaßt und benutzt worden von Anfang an, seit organisches Leben besteht, von den Pflanzen, den Tieren und von uns Menschen. Aber bewußt? Nein, unbewußt von unseren Seelen. Und was tun wir in dem Teile unseres Seins, wo wir mit Bewußtsein leben? Um uns Kraft zu verschaffen, graben wir tief in die Erde, verbannen einen großen Teil von uns hinunter in die Gruben zu einem durchaus menschenunwürdigen Dasein, Kohlen zu graben, damit durch deren Verbrennung wir Wärme und Kraft erhalten. Aber wieder, welche Verschwendung, welche Jämmerlichkeit unserer Hilfsmittel, Weniger als 10% der Kraft, die in der Kohle steckt, vermögen wir nutzbar zu machen in der Dampfmaschine. Und wo wir hinblicken mögen, dieselbe Mühseligkeit in der Beschaffung von Kraft, dieselbe Unzulänglichkeit in der Verwertung derselben. Neun Zehntel von uns führen ein Leben von Armut, Rohheit, Unwissenheit und Sünde und harter Arbeit, weil unsere Veranstaltungen, uns Kraft zu verschaffen, so ungenügend sind, weil wir nicht verstehen, aus der ungeheuren Fülle von Kraft, die uns überall umgibt, die jeder ohne Kosten haben kann, ein weniges uns nutzbar zu machen. Wie Verschmachtende an einem Wasser, zu dumm, zu schöpfen und zu trinken, so in Wahrheit stehen wir vor der geradezu unendlichen Anzahl von Kilogrammmetern, die täglich uns die Sonne zur Benutzung sendet. Ließen sich wirklich diese Kräfte nutzbar machen? Und wie? Ich will im folgenden den Weg beschreiben, den ich mit Erfolg betreten habe, die lebendige Kraft der Ätherteilchen für verschiedene Zwecke anzuwenden."

Und welcher Art ist dieser Weg? Korschelt erfindet, konstruiert Sonnenätherstrahlapparate. Warum diese Inkonsequenz? Warum fährt Korschelt nicht in die Tropen, hier nur Sonnenkraftakkumulatoren erster, bester Art, Kokosnüsse, genießend, die verfinsternden Kleider abwerfend, sich der Tropensonne darbietend? Warum statt dessen in einer Steinhöhle des äquatorfernen Leipzigs in Kleider eingenäht Sonnenätherstrahlapparate tausendweise herstellen?

„Wie Verschmachtende an einem Wasser, zu dumm, zu schöpfen und zu trinken" Kommt herab an den Äquator und lernt Sonnenäther trinken, Freunde, werdet wieder, was wir einst, einst waren: Sonnenätherkondensatoren und -akkumulatoren einerseits, Sonnenätherstrahlapparate, d.h. Heilmagnetiseure, fernstehende, fernsprechende, fernwirkende, prophetische Menschen, dann brauchen wir keine Apotheken und Heilsäfte mehr, keine Zeitungen, Telegraphen, Telephone, drahtlose Telegraphie, Eisenbahnen, Dampfschiffe — dann sind wir all das selbst in einer Person — Mensch und Gott zugleich, absolut bedürfnislos, weil unendlich ätherreich, ohne tote Außenkultur, weil höchste, edelste Innenkultur. Kommt und trinkt Äther an der Sonnenmutter Brüsten, laßt das Erdessen, werdet Menschen, oder wollt ihr Karikaturen, Fragmente, Todeskandidaten bleiben?

Ein drittes Beispiel. Julius Hensel, die Sonne der heutigen Wissenschaft, allerdings vielfach ebenso verächtlich behandelt wie Helios selbst, er resümiert auf S. 337 seines Meisterwerks: „Das Leben, seine Grundlagen und die Mittel zu seiner Erhaltung": „Wir haben uns also in der Tat überzeugt: 1. daß das Material der duftenden Sonnenatmosphäre mit unserem Protoplasma übereinstimmt; 2. daß die Duftstoffe der Sonnensubstanz formgebend wirken, indem sie sich polarisieren oder paaren; 3. daß der Menschenleib, soweit Muskeln, Sehnen und Nerven in Betracht kommen, aus den flüchtigen Riechstoffen der Sonnenhülle zusammengesetzt ist und sich wiederum in Riechstoffe (Specksäure, Schweißsäure) zerlegen kann. Es bleibt jetzt nur noch unsere Knochensubstanz gleichfalls auf den Charakter als Protoplasma zu prüfen. Sollte auch nach dieser Seite hin Übereinstimmung mit der Sonne gefunden werden (und wir werden sie finden), so weiß ich nicht, was dann noch entgegensteht, die Sonne als ein beseeltes Wesen und als unsere liebe Mutter anzusprechen, die mit tausend weißen Diamantarmen in den Äther hinausgreift, Rosen, Veilchen und Vergißmeinnicht pflückend; nimmer rastend sich im Kreis bewegt, lebendige Wärme produzierend und ausstrahlend und trotz unaufhörlicher Ausschüttung ihres Füllhorns an ihrer Kraft seit 6000 Jahren nichts eingebüßt hat, sondern immer gleich bleibt an magischem Licht und strahlender Jugendschöne, mit ganzer Seele Wohltaten spendend."

Lebte Hensel in den sonnenvollen Tropen? Er war weit entfernt, ihr Loblied zu singen. Ist das Konsequenz? Genug der Beispiele. Wer zweifelt noch, daß die Sonnenanbetung der Tat, der nackte, äquatoriale Kokovorismus, die Religion, nein, nicht der Glaube, sondern die Lebensweise, das Leben der Zukunft ist? Die Sonnenpriester sind bereits Legion, die Täter der Sonnenweisheit — schon fangen sie an, sich allenthalben zu rühren. Heute noch seid ihr Sklaven der Kultur, Troglodyten, heute noch lebt ihr nach dem Prinzip; „Mein Haus ist meine Welt". Aber schon formt euch der Sonnenäther um. Schon sehe ich die glücklichen Scharen großer, göttlicher Menschen, die den Irrsinn des Wintermenschen in die Weisheit des Sonnenmenschen, des Sonnenkindes, wandelten, die da leben nach dem Prinzipe: „Die Welt ist mein Haus".

Gebe die allgütige Sonne, daß diese Zeilen Tausenden und Abertausenden zu Heil und Glück gereichen. Wer sie nicht billigt, mit ihnen übereinstimmt, der lebe ein Jahr lang in der Tropensonne nur von Früchten, vor allem Kokosnüssen. Stimmt er mir auch dann nicht bei, dann will ich Irrtum nennen, was ich heute „sonnige Kinderweisheit", was ich heute „Wahrheit" nenne.

Wie der Gesamtheit du dienst am besten in jeder Beziehung? Diene der Sonne, o Freund! Dann wirst du zur Sonne der Menschheit.

30. Das Lied von der Sonne. *Von August Engelhardt.*

Nicht die Weisheit bringt uns Segen,
Weise Tat nur bringt uns Glück,
Darum wollen wir uns regen
Und zum Sonnengott zurück.
Ihm, dem Spender allen Lebens,
Aller Wärme, allen Lichts;
Er nur sei das Ziel des Strebens,
Er nur macht das Leid zu nichts.
Er nur löset unsre Fragen,
Löst des Seins Disharmonie.
Nur durch Ihn kann Frühling tagen.
Die Kultur vermag es nie.
In dem Tode der Kulturen,
In dem Anschluß an die Sonne
Wurzeln unsre Götterspuren,
Ruht des Lebens Glück und Wonne.
Ein Jahrhundert hat geendet.
Ein Jahrhundert hat begonnen.
Gott hat Sich uns zugewendet,
Ist versöhnend uns gesonnen.
Näher tritt in diesem Jahre
Unsrer Erde Seine Gnade.
Dien' der Sonne und erfahre
Fried' und Glück im Sonnenbade!
Schon seh' ich die Menschenmassen
Nach dem Sonnenreiche streben;
Seh' sie schmutzig Gold verlassen,
Um von Sonnengold zu leben;
Seh' sie wandeln unter Palmen,
Sich an ihren Früchten labend,
Singend Lob- und Dankespsalmen;
Denn geendet hat der Abend.
Menschennacht! Du bist vergangen.
Menschentag ist angebrochen.
Nach dem Himmelreich verlangen
Neue Scharen alle Wochen.
Sie auch wollen Frühling haben,
Sie das Glück der Brüder teilen:

Sie, befreit von Menschengaben,
Unter Himmelsgaben weilen.
Frühlingsgeist ist eingezogen
In die kranken Menschenherzen.
Mächtig schlagen seine Wogen
Und begraben Tod und Schmerzen.
Ganz verödet ist der Norden;
Stadt und Dorf, sie stehen leer.
Alle Menschen sind ein Orden:
Ihres Sonnengottes Heer.
Auferstanden ist die Menschheit:
Aus dem Grabe der Kultur.
Ganz, als Ebenbild der Gottheit,
Ist sie Herrscher der Natur.
Auferstanden ist die Menschheit:
Leid und Elend ist ihr Sage.
Wie ein Märchen klingt dem Ohre
Schilderung vergangner Tage.
Auferstanden ist die Menschheit:
Sonnenkinder sind sie alle.
Gott, der Herr, hat sie erlöset
Von dem tiefen, tiefen Falle.
Ja, ihr Traum ist wahr geworden,
Ihres Herzens Sehnen Tat:
Herrscher sind sie allerorten,
Herrscher von dem Zeitenrad.
Leben, Leben, sind sie alle,
Herrscher über Tod und Schmerz.
In der Sonne heil'ger Halle
Widertönt ihr jubelnd Herz:
„Ewig Dank Dir, Gott, o Sonne,
Von der Nacht sind wir befreit,
Unser Sein ist lauter Wonne,
Ew'ger Tag ist uns're Zeit.
Menschennacht hat uns gewiesen,
Daß nichts sein kann ohn' Dein Leben.
Dir, o Gott, sind wir ergeben.
Ewig sei, o Herr, gepriesen."

31. Mein Motto oder die Stufenleiter der Menschheitsentwicklung im Reiche des Winters.

Stadtgartendirektor W. M. Degenhardt sagt in Nr. 22, Jahrg. 1902, der „Vegetarische Warte": „Ich würde, mich freuen, wenn endlich sämtliche Vegetarier mein Motto recht verstehen und zu dem ihrigen machen wollten: „Jäger-, Hirten-, Ackerbau-, Gartenbauzeitalter." Dieses Motto ist richtig — in Bezug auf das Reich des Winters — und doch falsch, weil es nicht vollständig ist, weil es nicht weit genug sieht. Dem Gartenbauzeitalter des Herrn Degenhardt, in dem jeder Gartenbesitzer ist und sich sein Korn, seine Kartoffeln, Gemüse, Obst und Blumen selbst baut, wird das Obst- und Nüssegartenzeitalter folgen, das nordische und das tropische Früchtezeitalter. Dieses wird abgelöst werden durch das Kokoskulturzeitalter. Viele werden nicht alle diese Stufen durcheilen. Sie werden vielleicht vom Fleischessertum direkt zum Fruchtessertum oder vom Brotessertum direkt zum Tropenfruchtessertum übergehen. Jeder nach seiner Weisheit und entsprechend seinen Erfahrungen. Darum wollen wir das Motto unseres Gewährsmannes erweitern und vertiefen und wollen sagen: „Jäger-, Hirten-, Ackerbau-, Gartenbau-, Früchtebau-, Tropenfrüchtebau-, Kokoskulturzeitalter" . Dieses Motto ist sehr lang und schwerfällig. Wir wollen ein kürzeres, frischeres wählen: Auf, in die Tropen, zur Kokospalme, in die wahre Heimat und zur wahren Mutter des Menschen.

32. Das Wesen der Kokoskultur.

Die Kokoskultur ist die Kunst, auf der Flächeneinheit (1 a) mit dem geringsten Arbeits-, Kosten- und Zeitaufwande die größte und beste Nahrungsmenge, zu erzielen. Sie ist das Ideal des Sozialökonomen. Sie ist das Zentrum, in dem alle Fragen der Soziologie und der Weltwirtschaft zusammenlaufen und ihre einzige Lösung finden.

Die Kokosnuß — sie ist der Stein der Weisen, die Panazee; die Kokospalme — der Lebensbaum; der Kokoshain — die wahre Heimat und die wahre Stadt der Menschheit.

Wachet auf aus eurer Lethargie, ihr Vegetarier, und setzt an Stelle eurer Sehnsucht, die das Paradies in weiter, weiter Ferne sieht, die mutige Tat: Schnürt euer Ränzel, packt die Koffer, steigt aufs Schiff und ziehet ein ins

Reich der Kokospalme, in den Palmentempel des Fruktivorismus! Ziehet ein ins Sonnenland, um Sonnenkinder zu werden.

33. Das Land der realen Ideale oder die ideale Volkswirtschaft und die ideale Statistik.

Was ist ideale, Volkswirtschaft oder Nationalökonomie? Jene Nationalökonomie ist ideal, der es gelingt, den größten Teil des ihrer Nation zu Gebote stehenden Landes derart auszunutzen und kulturfähig zu machen, daß er den größtmöglichen Ertrag an Nahrung liefert und hierdurch das Land möglichst wenig von andern Staaten abhängig macht.

Die Nationalökonomie fragt, wie nutze ich das Land meiner Nation, wie z. B. Deutschland, in dieser idealen Weise aus, wie bewirke ich, daß mir die kleinste Fläche und die Summe aller dieser kleinsten Flächen, mein Vaterland, den größten Ertrag geben? Anders hingegen die Menschheitsökonomie oder die ideale Volkswirtschaft schlechthin. Sie fragt nicht, wie nutze ich ein bestimmtes Land am besten aus, sie ist nicht patriotisch. Sie ist kosmisch, sozial; und sie ist kosmisch, weil sie physikalisch, heliotropisch ist. Sie fragt: wo ist das Land, die Zone, das Klima, in denen mir das Minimum an Land mit einem Minimum von Arbeit, Zeit und Geld ein Maximum an Ertrag in Bezug auf Quantität und Qualität der Nahrung gibt. Hat die Nationalökonomie alles Interesse daran, ihre Nation in der besten Weise zu versorgen, ihr ihre Scholle möglichst lieb und wert und ergiebig zu machen, so ist das Interesse der Menschheitsökonomie oder Sozialökonomie darauf gerichtet, die ganze Menschheit in der idealsten Weise zu versorgen, ihr das beste und ergiebigste Land zu geben, um so den Kampf ums Dasein auf ein Minimum zu reduzieren. Ohne Zweifel kann und darf die Sozialökonomie ihr ideales Land nur dort suchen, wo sich mit der größten Sonnenenergie die größte Feuchtigkeit vereinigt, d.h. in den feuchtheißen Tropen.

Wie findet sie dort die ideale Nahrung, d.h. jenes Tier oder jene Pflanze, die auf der geringsten Fläche mit geringstem Arbeits-, Zeit- und Geldaufwand die meiste und beste Nahrung liefern? Da sich der Nahrungsertrag der Viehzucht zu dem des Weizenbaues und in ähnlicher Weise zu dem der übrigen Getreidearten wie 1:12, feiner berechnet sogar nur wie 1: 6 verhält, so ist die Viehzucht als unökonomisch sofort ausgeschlossen. Es kann daher nur eine Pflanze sein, die dieser Forderung gerecht wird. Da das Ideal einer Pflanzennahrung weder Wurzelfrüchte, noch Gemüse, noch Mehlprodukte, noch zuckerige Früchte sind, sondern die Nuß, in der alles, was der Mensch braucht, in nuce beisammen ist, und zwar in der seinem Organismus naturgemäßesten Form, als Fett, so kommen bei unserer Auswahl nur die tropischen Fette bzw. Nußpflanzen in Betracht. Kein Nußlieferant kann den entferntesten Vergleich aushalten mit der Kokospalme. Ihre Ertragsfähigkeit verhält sich zu der der Viehzucht bzw. des Weizens wie 1:6:32, d.h., wo 1 Viehzüchter leben kann, da können 6 Ackerbauern und 32 Kokospflanzer leben. Diese Verhältnisse sind ganz roh berechnet. Sie ziehen nicht die tausend schädlichen Konsequenzen der Viehzucht und des Ackerbaues in Betracht. Würden sie genauestens und feinstens berechnet, so würden sie sich noch viel, viel mehr zu Ungunsten der Viehzucht und des Ackerbaues verändern.

Unsere Untersuchung hat uns zu einem ebenso einfachen wie überraschenden Resultate geführt. Sie hat unsern Geist befreit von der Scholle, an die ihn die Geburt gefesselt, auf der zu leben sie ihn verdammt hatte. Sie hat ihn fragen gelehrt, wo kann ich mich, wo kann sich die ganze Menschheit in der idealsten, gesündesten Weise entwickeln. Sie ist sozialökonomisch, kosmopolitisch, nicht nationalökonomisch, patriotisch vorgegangen. Wie töricht ist auch jene Fragestellung, die jedes Patriotenherz erfüllen muß: wie kann ich mein Vaterland möglichst schön und fruchtbar machen. Wie töricht: sich an eine ganz bestimmte Stelle der Erde — Grönland, oder Sibirien, oder Deutschland, oder die Vereinigten Staaten, oder sonst ein ärmliches Land — gefesselt zu glauben, sich verpflichtet zu haben, ihr immer dienen, treu bleiben zu müssen und sich die Aufgabt: zu stellen, diesen Heck möglichst ideal zu gestalten, Welche unendliche Summe von Kraft und Geist und Lebensglück, von Zeit und Geld wird auf diese Weise vergeudet, indem Millionen und Milliarden Hektaren ganz minderwertigen Landes mit ungeheuren Mühen und Kosten ganz minderwertige Erträge abgewonnen werden.[26]

[26] Nur zwei Beispiele: „Laut Mitteilung in Nr. 266 der Neuen Züricher Zeitung 1902 unternehmen die Gemeinden Brittenau und Vordemwald im schweizerischen Kanton Aargau eine Entwässerung und Güterzusammenlegung, um ihre vielen Moorländer und Sumpfwiesen in wertvolleres Land umzuwandeln und um der mühsamen und hinderlichen Güterzerstückelung abzuhelfen. Die Kosten sind auf 200000 Fr. veranschlagt. Die Eidgenossenschaft zahlt dazu einen Bundesbeitrag von 71043 Fr. Ich erinnere ferner an

Nein, die rationelle Nationalökonomie, und als solche erachte ich jene, die nicht engherzig patriotisch, sondern weitherzig sozial ist, die christlich ist und die Menschen als eine Gesamtheit und Brüderschaft betrachtet, diese rationelle Nationalökonomie oder Sozialökonomie, sie fragt: Wo vermag sich das Individuum geistig und körperlich in der idealsten Weise zu entfalten, und wo kann demnach die gesamte Menschheit als Summe aller dieser Individuen ihr idealstes Gepräge erhalten? Die Antwort hierauf ist, wie wir gesehen haben: in den feuchtheißen Tropen, in den Kokospalmenhainen der Gegenwart und Zukunft.

Nun wirst du, lieber Leser, meine anfangs so eigenartig erscheinende Überschrift verstehen. „Das Land der realen Ideale." In der Tat! In den Kokospalmenhainen sind die Idealer der Volkswirtschaft und der Statistik teils schon realisiert, teils jederzeit zu realisieren. Diese Haine sind es, die auf dem Minimum an Land mit geringstem Arbeitszeit- und Kostenaufwände die meiste und beste Nahrung geben. Es fehlt nur noch der Mensch, der sich diese Palmenhaine zunutze macht. Es fehlen nur noch jene Siedelungsgesellschaflen, die mehr und mehr solche Kokoshaine ankaufen oder selbst anlegen und nur von den Früchten ihrer Haine leben, sich so zu Idealwesen nach und nach gestalten. Das ideale Bett steht fertig da, der Mensch braucht sich nur hineinzulegen und an dessen kräftige, vorzügliche Unterlage zu gewönnen. Wenn sich viele zusammentun, wird der Kauf nicht schwer werden. Ich kann daher das Land der realen Ideale auch das Land der Sozialökonomie und des Kokovorismus nennen, das Land, in dem allein die weiseste Volkswirtschaft und die weiseste Ernährung möglich sind und über kurz oder lang ihre Auferstehung und schließlich ihren Siegeszug um den Äquator feiern werden. Wenn wir von der Möglichkeit absehen, daß der Mensch nach entsprechender Trainage oder Nervengymnastik in den Tropen einzig und allein von Äther und Luft zu leben vermag, und wenn wir absehen von all den Konsequenzen dieser Möglichkeit, wie der Rückkehr zur Sonne, der Fähigkeit, alle Sterne zu besuchen. Kurz, wenn wir uns noch ganz als Erdenkinder fühlen, denen es zunächst nur darum zu tun ist, auf unserer Erde einmal paradiesische, d.h. angenehme, vernünftige Zustände zu schaffen, dann müssen wir sagen: alle Probleme und Fragen, die die Menschheit gegenwärtig bewegen: der Kapitalismus oder die soziale Frage,

die Entwässerung der Zuidersee in Holland. Die Beispiele könnten ins Unendliche vermehrt werden.

die Abschaffung der Kriege oder die Friedensfrage, die Gleichberechtigung der Frau oder die Frauenfrage, die Erhöhung der Fleischpreise, der Vegetarismus und der Fruktivorismus oder die Nahrungsfrage, die Gartenstädte und Gartenländer und die Bodenreform oder die Bodenfrage, die zweckmäßigste Kleidung, die ewig lichtluftbadenden Völker oder die Kleiderfrage, der absolut vom Vieh und jeglichem Haustier sowohl in Bezug auf Ernährung wie in Bezug auf Landwirtschaft unabhängige Mensch oder die Enttierungsfrage, der Kampf für Europa bzw. die Tropen oder die Tropenfrage — wer wollte sie alle nennen, diese vielen Fragen und Frägchen, die das Chaos der Jetztzeit zu bessern und zu entbehren suchen. Sie alle finden ihre Lösung durch die immer spendende Tropensonne und die immer tragende Kokospalme, durch den nackten Kokovorismus der Tat, am Äquator.

34. Patriotismus und Nationalökonomie. Ihre Ablösung durch Heliotropismus und Sozialökonomie.

Patriotismus und Nationalökonomie sind durchaus engherzige Begriffe und Tugenden. Beide kleben unzertrennlich an der väterlichen Scholle, letztere sucht sie ersterem so angenehm und ergiebig wie möglich zu machen. Beide denken und wirken für einen engbegrenzten Kreis. Beide werden mit der zunehmenden Weltwirtschaft und Erkenntnis des Menschenwesens ersetzt werden durch den Heliotropismus und die Sozialökonomie. Fragt der Patriot und Nationalökonom: wie erziele ich in meinem Vaterland mit der geringsten Arbeit und dem geringsten Kostenaufwande die größte und beste Nahrungsmenge, so sagt der Heliotropist oder Sonnenpatriot und der Sozialökonom: ich bin gleich allen Geschöpfen ein Erzeugnis der Sonne, je mehr Sonnenenergie der Tier- und Pflanzenwelt zu Gebote steht, wie in den Tropen, um so großartiger und urwüchsiger und königlicher entfalten sie sich. Ich als Krone der Schöpfung bin ein Kind der Sonne. Ich gehöre an den Äquator, in die Tropen. Die lebensvollen Tropen sind mein Vaterland. Sie liefern mir jene Nahrung, die alle idealen Wünsche eines Weltwirtschaftlers und Sozialökonomen erfüllt. Eine Nährerin, die auf der Minimalfläche mit dem geringsten Aufwände an Arbeit, Geld und Zeit den Maximalertrag und die edelste Qualität menschlicher Speise erzeugt — die Kokospalme.

Durch den tropischen Kokovorismus oder die heliotropische Sozialökonomie der Tat werden Patriotismus und Nationalökonomie abgelöst, verdrängt, ersetzt werden. Die äquatoriale Sonnenheimat, die wahre Heimat des Menschen, tritt an die Stelle des Vaterlandes, der internationale Sozialismus an die Stelle des Nationalismus, die Sozialökonomie an die Stelle der Nationalökonomie. Der Staatsbürger wird zum Weltbürger, der Patriot zum Kosmopoliten, der Landsmann zum Sonnenkinde.

35. Die wahre Lösung der sozialen Frage.

> „Sehet die Vögel unter dem Himmel an: sie säen nicht, sie ernten nicht, sie sammeln nicht in die Scheune und ihr himmlischer Vater ernähret sie doch."

Die Lösung der sozialen Frage ist ein Kolumbusei. Alle Fragen, die für die Menschheit am wichtigsten sind, sind im Prinzip die einfachsten Fragen — allerdings nur für den Klarsehenden. Die Lösung der sozialen Frage besteht darin, daß man die Menschheit auf eine Basis stellt, auf der der Mensch fast völlig unabhängig ist vom andern, weil ihm die Natur alles gibt, was er braucht, und seine Bedürfnisse so gering sind, daß er sich alles selbst bauen und anfertigen kann und nicht des andern Hilfe bedarf. Der Mensch kann nur in dem Maße auf des Menschen Kraft verzichten, sich von ihr unabhängig machen, als er sich von dem Urquell aller Kraft, von der direkten Sonnen- oder Äther- oder Himmelskraft abhängig macht. In diesem Falle produziert die Sonne alles für ihn. Sie gibt ihm fertig gekochte Früchte als Nahrung, ihr beständiger Sonnenglanz ist sein Licht, ihre beständige Wärme sein Ofen und der Ersatz für seine Kleidung. Das Himmelszelt, der Weltendom oder ein einfaches Häuschen aus Bambusstämmen und Palmenwedeln ist seine Wohnung. Den Boden gibt ihm die Gesellschaft umsonst, er ist Gemeingut. Unter solchen Verhältnissen, wie sie tatsächlich nun in den ewig sommerlichen Tropen möglich sind, löst sich die soziale Trage völlig in bester, einfachster Weise: Jeder ist Grundbesitzer und

Freiherr, sein eigener
Herr und Knecht, alle sind
Herren, es gibt keine Diener.

Es gibt keine Reichen und Armen. Alle sind Kinder der Sonne, glückliche Diener des Lebens, anstatt gegenseitige Diener zu sein. Ersatz der Menschenkraft durch Sonnenkraft — das ist der Schlüssel zur Lösung der sozialen Frage.

Diese Ersetzung ist nur möglich durch Entfernung von den leblosen Polen und Annäherung an den lebensspendenden Äquator, an die unendlich reiche und freigebige Sonne.

„Zurück zum Äquator! Zur Sonne!"

ist das Zukunftmotto der Sozialisten und Sozialökonomen. Nur die Erfüllung dieses Mottos kann ihre heiligsten Wünsche erfüllen.

36. Der Mensch ist, was er ißt: Tierfett oder Palmenfett. Eine wissenschaftliche Studie.

Vor mir liegt G. v. Bunges Physiologische und pathologische Chemie, 4. Auflage. Er schreibt Seite 394: „Aus allen diesen Versuchen geht also ganz unzweifelhaft hervor, daß das Nahrungsfett als solches resorbiert und abgelagert wird". Um auch den gründlichsten unter unsern Lesern zu genügen, lassen wir die ausführliche Beschreibung dieser Versuche folgen. Es handelt sich um vier Versuche mit Hunden, In zwei Fällen wurden sie mit Hammeltalg, in zwei Fällen mit Leinöl bzw. Rüböl gefüttert. In allen Fällen wurden die genossenen Fette in den Geweben abgelagert. Bunge berichtet S.393/94: „Munk hat den Nachweis geführt, daß das synthetisch gebildete Fett auch in den Geweben des Körpers abgelagert wird. Ein 14 kg schwerer Hund wurde durch 19-tägigen Hunger unter Verlust von 32% des Anfangsgewichtes fettarm gemacht. Darauf erhielt er im Verlaufe von 14 Tagen 3200 g Fleisch und 2850 g Fettsäuren aus Hammeltalg. Dabei stieg das Körpergewicht wieder um 17%. Als dann der Hund getötet wurde, zeigte er einen außerordentlich entwickelten Panniculus adiposus, reichliche Fettablagerung in den Eingeweiden und exquisite Fettleber. Aus den mit Messer und Schere abtrennbaren Fettablagerungen konnten durch Auslassen fast 1100 g eines bei Zimmertemperatur festen Fettes gewonnen werden, welches erst bei 40° anfing zu schmelzen, während normales Hundefett schon bei 20° dickflüssig wird. Es folgt hieraus, daß die eingeführten Fettsäuren mit im Körper gebildetem Glyzerin vereinigt und abgelagert worden sind. Wollte man die Fettablagerung in dem Sinne deuten, daß die eingeführten Fettsäuren nur eiweißsparend gewirkt hätten und alles abgelagerte Fett ausschließlich aus dem Eiweiß stamme, so wäre es nicht zu verstehen, warum nicht normales Hundefett, sondern Hammeltalg abgelagert wurde.

Munk hat noch einen zweiten Versuch mit Rübölfütterung an einem durch Hunger fettarm gemachten Hunde angestellt. In diesem Falle wurde ein Fett in den Organen abgelagert, von welchem vier Fünftel bei Zimmertemperatur flüssig waren. Beim Erwärmen auf 23° löste sich alles, und bei 14° schied sich wieder ein körnig-kristallinischer Bodensatz ab. Dieses Fett enthielt 82,4% Ölsäure und 12,3% feste Säuren, während normales Hundefett nur 65,8% Ölsäure und 28,8% feste Säuren im Mittel aufweist. Überdies ließ sich Erucasäure $(C_{22}H_{42}O_2)$ — ein Bestandteil des Rüböls, der im Tierfett fehlt — darin nachweisen.

Zwei ganz ähnliche Versuche mit gleichem Resultate hatte bereits vor Munk Lebedeff an zwei Hunden ausgeführt, von denen der eine mit Leinöl, der andere mit Hammeltalg gefüttert worden war. In den Geweben des ersteren fand sich ein Fett, das bei 0° noch nicht erstarrte, in denen des zweiten ein Fett, dessen Schmelzpunkt über 50° lag."

Was vom Fett fressenden Hunde gilt, gilt auch vom Fett essenden Menschen. Was vom Hundefett gilt, gilt auch vom Hundeeiweiß und vom Hundelecithin. Aus nichts wird nichts.Wie das Baumaterial, so der Bau. So wenig sich mit Holz ein eisernes Gebäude aufführen läßt, so wenig können tierische Fette normales Menschenfett erzeugen. Die Mutter, die ihr Kind mit Kuhmilch aufzieht, verkalbt, vervieht das Kind. Wer vorzugsweise von den Produkten des Schweines lebt, lagert Schweinefett und andere Schweinestoffe, in sich ab. Er leidet buchstäblich au einer Schweinevergiftung. In ähnlicher Weise leiden die Viehzucht treibenden Nomadenstämme und Gebirgsvölker an Viehvergiftung und an Verviehung ihres Charakters. Die vornehmlich von Fischen sich nährenden Völker an Fischvergiftung und an Verfischung ihres Charakters.

Weiß der vergnügte Rentier, der sich heute mittag seine zwei Täubchen so vorzüglich schmecken ließ, daß er an einer akuten Taubenvergiftung leidet? Und sein Tischgenosse, der sich an Hammelbraten gütlich tat, weiß er, daß er an Schafvergiftung leidet? Diese Betrachtungen und diese Art feiner Logik zeigen, daß unsere Mitmenschen nicht so unrecht haben, wenn sie ab und zu oder immer laut oder im stillen Vergleiche zwischen ihrer menschlichen Umgebung und der Tierwelt, insbesondere den Haustieren, anstellen. Manche Beleidigungsklage, deren Anlaß ein solcher Vergleich war, hätte sich vielleicht durch die physiologische Chemie als durchaus unbegründet erweisen lassen. Aber wo kennt man noch diese feine Art von Logik? Kann es denn überhaupt bei der heutigen Lebensweise noch konsequente Logik und logische Konsequenz geben?

„Möchtest du nicht mal diesen schönen Ochsen küssen?" fragte der Student Ehrlich seinen Kommilitonen auf einem Spaziergang.

„Wie kommst du auf so verrückte Fragen?" entgegnet dieser. „Hast du noch einen von gestern sitzen?"

„Verrückte Fragen? Daß ich nicht wüßte. Alle länge sagst du mir, es gebe keine feinere Delikatesse als Ochsenmaulsalat. Ich meine, wer sich nicht scheut, Ochsenmäuler mit Wonne zu essen, hat kein Recht, die Frage, ob er nicht einen Ochsen küssen wolle, als verrückt zu bezeichnen."

„Du bist doch ein rechtes Schwein! Da hast du wieder deinen ganzen Anzug vollgeschüttet!" schalt Kommerzienrat Goldstein sein Söhnchen, eben eine Gabel voll Schinken und Leberwurst zum Munde führend.

„Der Nierenbraten ist aber wirklich großartig!" erklärte die Frau Präsident ihrer Nachbarin im Bahnhofsrestaurant. „Aber Lieschen," fuhr sie fort, sich an ihr Töchterchen wendend, „laß doch den Hund in Ruh, wie oft habe ich dir schon gesagt, du sollst während des Essens keine Hunde und Katzen streicheln."

„Du sollst nicht töten!" heißt das fünfte Gebot. Für den Christen tritt es erst beim Menschen in Kraft. Seit wann ist töten identisch mit Menschentöten?

Tierfett oder Palmenfett. Wir sahen, Tierfett vertiert. Dem Materialisten beweist es die chemische Retorte. Der Mensch als Krone der Schöpfung muß seine Nahrung, sein Speisefett von ihm ebenbürtigen Geschöpfen nehmen. Das ist entweder der Mensch selbst oder eine Pflanze. So sehr die Menschenfresserei der Forderung der Ebenbürtigkeit und damit der Forderung der Logik entspricht, so sehr widerspricht sie der Forderung des Herzens, des Gemüts, der Moral: Du sollst deinen Nächsten lieben wie dich selbst. Sie ist durchaus logisch und durchaus unmoralisch zu gleicher Zeit. Vorausgesetzt, daß der Karnivorismus als die naturgemäße Ernährungsweise des Menschen betrachtet wird. Dieser krasse, unlösbare Widerspruch zwischen Herz und Geist im Bereiche des Karnivorismus drängt uns hinüber in das Gebiet des Vegetarismus. Hier gilt es, eine Pflanze zu suchen, die ein der Frauenmilch und dem Menschenfett ebenbürtiges Fett liefert. Für den gesunden, klaren Geist ist die Natur durchaus ästhetisch, harmonisch. Er weiß, daß die Nahrung, das Fett für die Krone der Tierwelt nur auf der Krone der Pflanzenwelt wachsen kann. Und er weiß, daß, wie der Freiherr, der Graf, der Fürst und der König ihren Besitz: ihre Schlösser, ihre Wagen, ihr Tafelzeug und Briefpapier mit den entsprechend gezinkten Kronen, den Abzeichen ihrer Würde, versehen, in ähnlicher Weise der größte aller Künstler, die Gottheit, den dem Menschen zukommenden Besitz mit den Abzeichen der Menschenwürde aufs deutlichste kenntlich macht.

Die Krone der Pflanzenwelt sind die Kronen tragenden Palmen. Die Krone der Palmen sind die vegetabile Menschenköpfe tragenden Kokospalmen. Nur das Fett der Kokosnuß ist dem Menschenfett ebenbürtig. Darum nieder mit der Schmarotzerei am Vieh, am Tier. Ein Affe würde sich schämen, am Euter einer Ziege zu saugen. Der Mensch schämt sich nicht, die Milch des Viehs und Kamels zu trinken und seine Menschenkindlein mit Kuhmilch groß zu ziehen. Warum schämt er sich nicht? Weil er durch das vieltausendjährige Schmarotzertum am Vieh geistig wie materiell so vertiert ist, daß er nicht mehr klar denken kann. Der durchaus gesunde Mensch, das ist der sich durchaus normal ernährende Mensch: der nackte, tropische Kokovore ist das Ebenbild seines Schöpfers, der Gottheit. Was er denkt, ist Klarheit, Wahrheit, Einfachheit. Er ist über den Irrtum erhaben. Irren ist ein pathologischer Geisteszustand. Er beruht auf einer pathologischen Konstitution des Gehirns, des Nervensystems. Wer beim Denken Ochsenlecithin, Karpfenlecithin, Hühnernuclein und ähnliche, dem Tierreich oder niederen Pflanzen, wie den Getreidearten und den dikoletylen Nußbäumen, entnommene Phosphorverbindungen oxydiert, wie kann der rein menschliche, göttliche, wahre Gedanken erzeugen? Jede falsche Nahrung ist Gift für Geist und Körper, erzeugt Irrtum und Lüge, Wahn und Aberglaube. Die Religion der Religionen, das ist die Religion der Liebe und der Wahrheit, muß und wird auf dem Kokovorismus als absolut sicherer Basis ruhen. Das Christentum von heutzutage ist deshalb mehr Form als Inhalt, weil es mit Verachtung und Gleichgültigkeit hinwegsieht über die Frage: Was issest du, mein Bruder? Was trinkst du, Schwester? Womit kleidet ihr euch, Freunde? Welche Luft atmet ihr, Geliebte? Welche Sonne leuchtet euch, Andächtige?

Es nimmt den Menschen nur als Geistwesen, aber der Mensch ist Körper und Geist. Wohl wohnt in jedem Menschen ein göttlicher Geist, aber wehe, wenn der Körper einem durchaus verstimmten Klaviere gleicht. Ihm kann der Geist nicht Harmonien entlocken. Der Geist ist willig, aber das Fleisch ist schwach.

Tierfett oder Palmenfett?

37. Kokos.

Schlanker Stamm,
Weiß und rein,
Strebend zur Sonne.

Herrliche Krone
Edler Blätter,
Fiedrig geteilet.

Gelbliche Ähren,
Zierliche Blüten
Anfangs der Wedel.

Reichliche Früchte,
Grün oder gelbrot,
Größe des Hauptes.

Kern gleich dem Eie,
Weiße und lieblich,
In ihm die Milch!

Meeresgestade
Tropischer Lande
Sind deine Heimat.

Adel atmet dein Wesen,
Sanftmut, Friede und Kraft,
Schönstes aller Gewächse
Floras edelster Sohn.

Du nur würdig des Menschen,
Terras edelsten Wesens,
Sollst — der Sonne Gebot —
Trank und Nahrung ihm spenden.

Deine Frucht essen, das heißt:
Geist und Adel der Palme
Geben dem eignen Selbst.
Kokos, Kaiser der Pflanzen!
Kokos, Mutter des Menschen!

E.

38. Ein Appell an die Wissenschaft.

Professor G. von Bunge sagt in seinem Lehrbuch der Physiologischen und pathologischen Chemie, 4. Aufl., S. 124: „Es stirbt ein an der Brust genährtes Kind auf dreizehn gleichgenährte Lebende. Von den mit Tiermilch genährten dagegen stirbt eins auf zwei gleichgenährte Lebende." Noch viel größer als die Sterblichkeit der mit Kuhmilch Ernährten ist die Sterblichkeit der mit künstlichen Surrogaten ernährten Kinder.

Diese statistischen Ergebnisse können uns nicht verwundern. Leid und Tod sind die Folgen der Unnatürlichkeit. Die Nahrung des blöden Kalbes kann nimmermehr die Muttermilch ersetzen. Sie ist, genau genommen, ein schweres Gift für den Säugling, indem sie ihn entmenschlicht, vertiert, verdummt. Ihm gebührt die Milch der frommen Denkungsart, der menschlichen Denkungsart, aber nicht die Milch der viehischen Denkungsart. Wir müssen die Menschheit von der Viehammenwirtschaft, vorn Schmarotzertum am Vieh befreien. Es muß uns nicht darum zu tun sein, dickbackige und knochige Säuglinge zu erziehen, gleichviel ob sie gescheit oder dumm sind. Nein, wir müssen in erster Linie, danach trachten, Menschen mit gesundem, normalem Gehirn zu züchten. Mens sana in corpore sano. Wenn der Leiter des Lebens, das Gehirn, normal ist, dann muß auch das Erzeugnis des Gehirns, der Körper, normal sein. Wir möchten die Wissenschaft auf ein Pflanzenprodukt hinweisen, das in Bezug auf seine chemische Zusammensetzung und auf seinen Nährwert dem menschlichen Organismus, insbesondere dem menschlichen Nerven- und Knochensystem, näher steht und verwandter ist als irgendwelches andere Erzeugnis der Erde, der Tier- und Pflanzenwelt. Es ist nur eine Frage der Zeit, daß die Wissenschaft feststellen wird, daß wir in der Kokosnuß die allein dem menschlichen Organismus entsprechende Nahrung vor uns haben.

Virchow sagte: „Eine wissenschaftliche Diätetik gibt es noch nicht!" Die Kokosnuß ist die allein wissenschaftliche Diät. Sie ist der beste und zugleich auch natürliche Ersatz der Muttermilch. Möchte die Medizin, die physiologische Chemie, die Pflanzenbiologie, möchte die gesamte Wissenschaft dieser edlen Frucht und ihrer Palmenmutter in ganz besonderem Maße ihre Aufmerksamkeit zuwenden. Möchte die Medizin und möchten recht viele Mütter ihre Säuglinge mit dem edlen, mit der Kokosmilch verdünnten Safte der geriebenen Kokosnuß aufziehen anstatt mit tierischer, verblödender Kuhmilch. Nicht: „Was gibt gesundes Blut?" sei die Hauptfrage, sondern: „Was gibt gesunde, normale Nerven, was gibt menschliche Nerven?" Lebedeff und Munk haben durch Versuche an Hunden bewiesen, daß das Nahrungsfett als solches resorbiert und abgelagert wird.[27] Es ist unzweifelhaft, mag es auch im chemischen Laboratorium noch nicht festgestellt worden sein, daß auch das Nahrungseiweiß mehr oder minder als solches in den Zellenverband des tierischen Organismus eintritt. Wer sein Eiweiß dem Tierreiche entnimmt, vertiert in der Richtung des Eiweißlieferanten. Das normale Menschenhirn kann nur durch ein dem normalen Menscheneiweiß ebenbürtiges, gleichwertiges Pflanzeneiweiß aufgebaut, gesund erhalten bzw. regeneriert werden. Alle Tiere stehen tief unter dem Menschen. Sie können ihm in keiner Weise ein seinem Organismus ebenbürtiges Material liefern. Sich von ihnen nähren heißt: sich vertieren, entmenschlichen. Nur die Krone der Pflanzenwelt, die Kokospalme, vermag ein dem Menscheneiweiß und dem Menschenfett ebenbürtiges Eiweiß und Fett zu erzeugen in Form der Kokosnuß. Die Kokospalme ist die Menschenpalme. Wie das Gras und Kraut zum Vieh, die Getreidekörner zur Taube und zum Hamster, die Eichel und Haselnüsse zum Eichhörnchen, die dornigen Wüstenpflanzen zum Kamel und die Kartoffel zum Totenkopf gehören, so gehört die Kokospalme zum Menschen. In der Kokosnuß haben wir auch einen Maßstab dafür gefunden, was der normale Mensch, d.i. der im Reiche der Kokospalme nackt lebende Kokovore, von Natur aus an Nahrungsmenge und -qualität braucht. Die Kokosnuß als allein wahre Menschenspeise lehrt uns, daß wir unserm Naturgesetze nach Palmennußesser, Palmennucivoren sind.

Möchten diese Zeilen dazu beitragen, der Anthropologie und allen ihren Hilfswissenschaften eine gesunde Basis, der ganzen Menschheitsentwicklung eine gesunde Richtung und ein hehres, unverrückbares Ziel zu geben.

---

[27]Bunge, Physiologische Chemie S. 93, 94.

39. Preise von Nüssen und Nußprodukten in Deutschland.

Nr.	Bezeichnung	Preis per Pfund mit Schale
1	Kokosnuß	20
2	Haselnuß	50 (80 o. Schale)
3	Walnuß, französische	45
4	Paranuß	65-80
5	Krachmandeln	125
6	Erdnuß	35-40
7	Kokosnußbutter	65
8	Haselnußbutter	140
9	Mandelnußbutter	200
10	Erdnußbutter	90-100
11	Nußfleisch (Protose)	120
12	Vegetabiler Aufschnit	120
13	Promose	160-175

Auf Kabakon kostet 1 Pfund Kokosnuß mit Schale 1 Pf., ohne Schale 2 Pf. Die Erdnuß als Hülsenfrucht enthält einen kleinen Prozentsatz Xantinstoffe. Sie ist als Harnsäurebildner durchaus zu verwerfen. Es ist bedauerlich, daß sich der Name „Erdnuß" so sehr eingebürgert hat. Er kann nur irreführen. Die Bezeichnung „Erderbse" würde viel mehr dem botanischen und chemischen Charakter sowie dem Geschmack dieser Frucht entsprechen. Dr. Kellogg sagt in einem Artikel über den Wert der Nüsse: „Die Erdnuß enthält 28% Eiweiß, während mageres Ochsenfleisch (Beefsteak) nur 19% enthält. Daher darf man Nüsse ruhig vegetarisches oder Pflanzenfleisch nennen. Um also recht viel Beefsteak zu essen, ist es nicht erst nötig, einen Ochsen oder eine Kuh zu töten, sondern man findet es ebenso reichlich in den Nüssen." Leider hat sich Dr. Kellogg durch den hohen Eiweiß- und Fettgehalt der Erdnuß und durch ihren irreführenden Namen verleiten lassen, sie zur Herstellung seiner Nußprodukte Promose, Protose und vegetabilen Aufschnitt zu verwenden. Wir können daher diese Produkte nicht empfehlen. Der Name „Nußfleisch" wäre viel mehr zur Bezeichnung der Haselnußbutter am Platze, die ja nicht ein Auszugsfett nach Art der Butter, sondern verflüssigtes Haselnußfleisch ist.

40. Früchtler-Verzeichnis.

Arnz, Hermann, Rentner, Remscheid-Reinshagen.

Bach, Otto, Dübendorf b. Zürich.

Bethmann, August, Kabakon b. Herbertshöhe.

Biehn, Clemens, Bühlau b. Dresden.

Bornefeld, H. F., Kaufmann, München-Gladbach.

Canenbley, Frieda, Reformerin, Hameln a. d. Weser, U. d. Hötze 60.

Conrad (Konrad), Heinrich, Kabakon.

Engelhardt, August, Kabakon.

Fellinger, Frl., Waldesheim b. Düsseldorf.

Fischer, H. B., Schriftsteller, Berlin W. 35, Steglitzerstr. 77.

Friedrich, Konstantin, Schriftsteller, Leipzig.

Haft, Dr. Friedr, Jena, Theosophinum.

Hundt, Hauptmann, Düren, Rheinl.

Kruhl, August, Redakteur, Hirschberg i. Riesengeb.

Lahmann, W., Hamburg, Marktstraße 471.

Marquardt, W., Juwelier, Düsseldorf, Schadowstr. 26.

Neugebauer, Ginsheim-Frankfurt a. M., Frankfurterstr. 104.

Oertel, Fritz, Kaufmann, Badeborn b. Ballenstedt.

Petschelt, B., Montpellier, Avenue Chancel v. St. Berthe.

Piening, L., Hamburg, Schlump 86.

Pompe, Alois, Schriftsteller, Wien I.

Rappe, Willy, Stuttgart, Stitzenburgerstr. 17 II.

Rase, August, Kaufmann, Köln a. Rhein, Kl. Griechenmarkt 13.

Reißig, Adalbert, Schöllschütz b. Brünn.

Rendel, Karl, Musiker, Düsseldorf.

Rößler, Leop., Aussig, Pockauerstr. 1648.

Scham, Dr., Heinrich, Schriftsteller, Berlin-Grünewald.

Schedukat, Fritz, Reformer, Spandau, Jüdenstr. 4-5.

Schwab, Anna, Naturheilkundige, Stuttgart.

Treu, Wilh., Heidelberg, Oberer fauler Pelz 12 I.

Walter, H., La Crottaz p. Vervey, Schweiz.

Wir bitten alle reinen Früchtler um Einsendung ihrer Adressen.

41. Kritik der Presse über „Eine sorgenfreie Zukunft". (1. bis 4. Auflage.)

Denkende Männer urteilen also:

Redakteur Max König, Hannover, schreibt in den „Reformblättern": Ein Buch, wie es nicht alle Tage erscheint; der Ton des Schreibers erfrischt nach dem gewöhnlichen Alltagsstil in der Literatur äußerst angenehm, man fühlt beim Lesen, daß der Autor nach Selbsterfahrung schreibt. Das ist ein Naturmensch; wenn doch nur 1/10 der heute sich so nennenden Anhänger der natürlichen Lebensweise es dem Verfasser gleich täten, dann würde man mehr Taten sehen, als heute Worte hören.

Dr. Wallfisch, Berlin: „Eine sorgenfreie Zukunft". Dieser Titel eines Büchleins von Bethmann-Alsleben ist wie eine Brandfackel mitten hinein in eine Kulturmenschheit voller Hasten und Jagen, getrieben durch die Furien der Sorgen nicht nur um „Das tägliche Brot", das Nötigste, sondern um das Unnötigste ja Schädliche naturwidriger Genüsse verschiedenster Art. Der Verfasser versteht es, der Legion derer, die nicht alle werden, gründlich heimzuleuchten. Sein auf dem Boden naturgemäßer Nähr- und Lebensweise erwachsener Lebensmut sprudelt über in Witz, Humor und guter Laune, und des Schreibers Stil, als sein unverfälschtes Abbild, beweist, wie lebensfrisch und -froh das Blut in seinen Adern kreist. Wer das Büchlein liest, verwirklicht, verbreitet, erweist sich und der Gesamtheit einen großen Dienst.

Redakteur A. Jesch, Leipzig: Die vorliegende Broschüre behandelt die heutigen sozialen Zustände und gibt Anleitung zur Beseitigung bzw. Verbesserung derselben in oftmals recht herben satirischen Worten. Es wäre sehr zu empfehlen, wenn es seitens der Fabrikbesitzer bzw. Direktionen in großen Posten gekauft und den Arbeitern unentgeltlich oder doch zu einem ganz geringen Preise übergeben würde. Sie würden sich und den Arbeitern nützen.

Redakteur Speier, Nürnberg: Als Anhänger der Nußdiät interessierte ich mich natürlich auch für Ihr gottvoll geschriebenes Werkchen „Eine sorgenfreie Zukunft". Dasselbe findet meinen vollen Beifall.

B. Kuhne, Gotha: Ein edler Held ist's, der fürs Vaterland
Ein edlerer, der für des Landes Wohl,
Der edelste, der für die Menschheit kämpft.

Ich habe Ihr Buch „Eine sorgenfreie Zukunft" mit großer Freude und Genugtuung gelesen: es enthält in schneidiger Kürze die Quintessenz der naturgemäßen Lebensweise und ist mir eine sehr wertvolle Bestätigung gleicher Anschauungen und Bestrebungen. Ich hoffe, Ihre „Moderne Unnatur, kräftige Federzüge eines allzeit muntern Naturmenschen"[28] bald begrüßen zu können,

Friedrich Schulenberg: Mein lieber Bethmann! Ich habe mit großem Vergnügen Ihre „Sorgenfreie Zukunft" gelesen. Durch dieses Buch haben Sie einen großen Teil Ihrer Pflichten gegenüber Ihren Mitmenschen erfüllt, und will ich hoffen und wünschen, daß nunmehr auch Ihre Mitmenschen es nicht versäumen werden, Ihnen ihre Dankbarkeit zu zeigen dadurch, daß sie mehr und mehr ihr Leben der „Sorgenfreien Zukunft" gemäß einrichten.

Nur wer der Gegenwart zu leben versteht, sie zu genießen weiß, ein voller Mensch mit lachenden Augen und frohgesundem Sinn, wer sich getragen fühlt von der Natur, wer sich umgeben weiß von ihr, der ist ein glücklicher Mensch zu nennen und — als solcher in dem vollen Besitz einer sorgenfreien Zukunft!

Das eben ist das Geheimnis Ihrer „Sorgenfreien Zukunft" — wer nach ihr lebt, kann der Gegenwart leben — wer nach ihr lebt, hat in seinem täglichen Elend nicht den täglichen fragwürdigen Trost nötig, daß es in Zukunft vielleicht besser wird. Ein solcher Mensch wird, der Heiderose gleich, seine Bestimmung erfüllen können, wachsen, blühen und gedeihen, ohne daran gehindert zu werden durch die natürlichen Folgen seiner widernatürlichen Lebensweise.

Wer täglich sich wahrhaftig sagen kann: „Ich lebte meiner wahren Bestimmung gemäß," der ist glücklich, der hat: seine sorgenfreie Zukunft.

Hamburg-Eilbeck, Schellingstr. 41.   Mit herzlichem Gruße, Ihr
Friedrich Schulenberg.

Redakteur August Kruhl, Hirschberg i. Schl., schreibt im „Volksarzt für Leib und Seele": In dieser eigenartig ausgestatteten Schrift (Eine sorgenfreie Zukunft): schön, anmutig, modern, hat es wieder einmal Einen

---

[28] Kommt nicht heraus. Weil zu scharf, zu kräftig geraten, verbrannte ich das Manuskript.

mit aller Macht gepackt, Einen unter Tausenden für das natürliche Leben. Hohe Begeisterung spricht aus jeder Zeile, und wir hätten nur zu wünschen, es wären Hunderte und Tausende.

Naturforscher Buttenstedt, Berlin, Friedrichshagen: ... Eine Fundgrube von Naturwahrheiten! ...

v. Egidy: Lieber Freund! ... Das sind Goldbarren, die Sie unsern Volksgenossen bieten ... Die Ausstattung des Büchleins ist eine musterhafte. Ja, das ist der Segen der Personalunion[29] ...

---

[29] Verfasser, Drucker und Verleger sind in einer Person vereinigt.

42. Inserate.

102

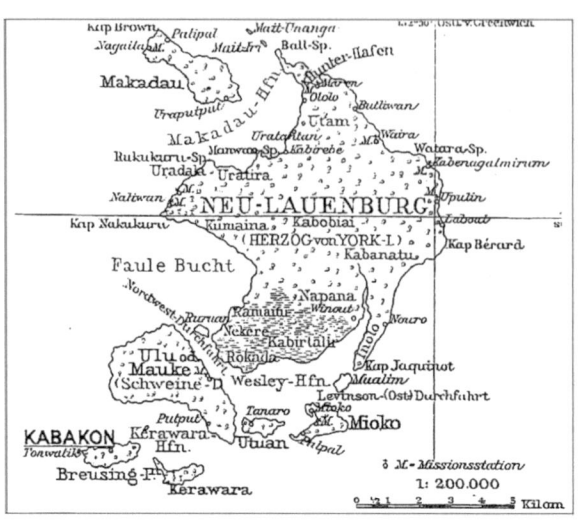

Aufruf!

Wir laden hiermit alle reinen Fruchtesser ein, uns ihre Adressen zu senden und sich mit uns zu einer Fruchtesserkolonie großen Stils zu vereinigen. Diese Kolonie soll eine Zuchtanstalt für wahre, reine Menschen, für Christusmenschen sein und der Ausgangspunkt einer fruktivorischen Kolonisation der Tropen werden.

Alle Gesinnungsfreunde, denen die Natur reichere Mittel an die Hand gegeben hat, die jedoch verhindert sind, selbst nach Kabakon überzusiedeln, bitten wir, uns nach besten Kräften zu unterstützen. Ihre Spenden würden dazu verwendet, unbemittelte Fruchtesser — und deren gibt es viele — nach Kabakon kommen zu lassen und Kabakon sowie event. neue Kolonien auf die beste Weise zu verwalten, sie in ideale Fruchtparadiese zu verwandeln.

Alle freundl. Spenden, für die wir im voraus bestens danken, wolle man senden an die „Direktion der Diskonto-Gesellschaft in Berlin, Unter den Linden 35 (Konto August Engelhardt)".

August Engelhardt. August Bethmann.

Eine Reihe interessanter **Flugschriften** über die Ernährungsfrage, die Klimafrage usw. und zahlreiche **Kabakon-Postkarten** sind in unserem Verlage erschienen. **Preise:** Flugschriften und Postkarten, getrennt oder gemischt, 10 Stück 1 Mk. franko. (Bezugsadresse siehe erste Seite.)

Das Kokosevangelium

Der Mensch ist das tierische Ebenbild Gottes.

Die Kokospalme ist das pflanzliche Ebenbild Gottes.

Die Kokosnuß ist Gott in nuce.

Der Kokosesser ist Gottesser, ist Theophag.

Der Mensch ist, was er isst.

Der Gottesser, d.i. Kokosesser, muß göttlich, muß gleich Gott werden.

Der Mensch als Ebenbild Gottes ist Gottesser.

Der Mensch ist absoluter Kokovore.

Der Kokovorismus, die Theophagie, ist der Weg zur vollen Erlösung von Schmerz, Leid und Tod.

Der Kokovorismus ist seinem Wesen nach praktisches Christentum: Die Versöhnung des Menschenkindes mit seinem göttlichen Vater.

   Engelhardt, der 1. Kokosapostel.

Editorische Notiz

Der Text folgt der fünften Auflage von „Eine Sorgenfreie Zukunft: Das neue Evangelium" von August Bethmann und August Engelhardt, 1906 (siehe Seite 9), die nur mehr sehr selten antiquarisch vorzufinden ist.

Die Rechtschreibung wurde behutsam an die heutige herangeführt, einzelne Eigenheiten wurden weitgehend beibehalten. Offensichtliche grammatikalische Fehler, falsch gesetzte Interpunktionen und Satzfehler wurden korrigiert. Die alten Schreibweisen von Eigennamen wurden dann beibehalten, wenn sie das Verständnis nicht beeinträchtigen. Einige Absatzsetzungen wurden verändert, um einen besseren Lesefluss zu ermöglichen. Sonst wurde das Satzbild so weit wie möglich beibehalten. Bei der Tabelle auf Seite 71 wurden vier Spalten zur Anbaufläche und Kokosnussausfuhr mit nur einigen wenigen Zahlenangaben aus Platzgründen weggelassen. Bei der Tabelle auf Seite 97 wurden zwei Spalten zusammengelegt. Bibliographische Angaben zu Zitaten im Text wurden bei Bedarf vervollständigt. Ansonsten ist der Originaltext unverändert übernommen worden, Zahlenangaben werden ungeprüft wiedergegeben.

Das Kokosevangelium und die Anzeige auf Seite 105 wurden aus anderen Quellen hinzugefügt. Die Farbabbildung im Vorsatz stammt aus „Köhlers Medizinal-Pflanzen in naturgetreuen Abbildungen und kurz erläuterndem Texte", Franz Eugen Köhler, Gera, 1883-1914 (siehe auch Seite 28). Die anderen Abbildungen stammen aus dem Originalbuch.

Autorenbiographien und Historie, ein Nachwort mit Persönlichkeitsanalyse, eine Kurzfassung des Manifests auf Basis von Zitaten, ein Schriftenverzeichnis, sowie ein Verzeichnis mit Angaben zu im Text erwähnten Personen sowie ein ausführliches Glossar wurden von mir beigefügt.

Ich danke A.W. für die Hilfe bei der Reinschrift.

Dieter Kiepenkracher, Herausgeber

PS: Dieses Buch ist nach besten Wissen und Gewissen und nach gründlicher Recherche ohne die Verletzung der Rechte Dritter erstellt worden. Wird eine solche Rechtsverletzung trotzdem vermutet, bittet der Herausgeber um Kontaktaufnahme.

Autorenbiographien und Historie

August Engelhardt wurde 27. November 1875 in Nürnberg als Sohn einer Unternehmerfamilie geboren. Während seiner Lehre als Apothekenhelfer begann der Schulabrecher sich für die Lebensreformbewegung zu interessieren. Diese deutschen und Schweizer Bewegungen standen Industrialisierung und Verstädterung kritisch gegenüber und propagierten die Rückkehr zur naturgemäßen Lebensführung durch die Themengebiete Naturheilkunde (Homöopathie), Kleidungsreform, Freikörperkultur, Vegetarismus, Landkommunen und Reformpädagogik. Der Autodidakt Engelhardt schloss sich im Herbst 1899 dem „Jungborn" im Eckertal des Harzes an. Die Vereinigung für naturnahes Leben durch Vegetarismus und Freikörperkultur war von den Brüdern Adolf und Rudolf Just 1896 gegründet worden.

Im selben Jahr übernahm das Deutsche Reich die Kolonialgebiete der deutschen Handelsgesellschaft Neuguinea-Kompagnie im Pazifischen Ozean unter dem Namen Deutsch-Neuguinea. Dorthin wanderte Engelhardt, vermutlich durch Erbe zu Geld gekommen, aus. Am 15. September 1902 traf Engelhardt an Bord eines Reichspostdampfers mit über 1000 Büchern im Gepäck auf der Inselgruppe Neu-Lauenburg ein. Er erwarb am 2. Oktober 1902 von der geschäftstüchtigen Unternehmerin Emma Forsayth-Coe („Queen Emma") eine Kokosplantage von 75 ha auf der ca. 1 qkm großen Insel Kabakon. Die samoanisch-amerikanische Plantagenbesitzerin galt als reichste Frau Ozeaniens. Auf der von etwa 100 Einheimischen bewohnten Insel Kabakon ließ Engelhardt sich als einziger Weißer nieder, etwa 20 Personen stellte er als Arbeiter an.

Engelhardt ernährte sich vegetarisch, vorwiegend von Kokosnüssen, und trug nur einen Lendenschurz. Daraus entwickelte er seine Philosophie: Da die Kokosnuss die Frucht sei, die der Sonne, dem Quell allen Lebens, am nächsten wachse und einem Menschenkopf ähnele, sei sie die einzig notwendige Nahrung des Menschen, der nackt den Palmen und der Sonne huldigen solle. Diese Anschauung, Kokovorismus genannt, nahm mehr und mehr religiöse Züge an: Diese Lebensweise führe den Menschen in einen gottähnlichen Zustand der Unsterblichkeit, wo er sich nur von Sonnenlicht ernähren würde.

Engelhardt ließ Werbeschriften für seinen „Sonnenorden – Äquatoriale Siedelungsgemeinschaft" auf Kabakon in Europa verbreiten. Ein Foto zeigt ihn lässig auf einem Stuhl im Freien sitzend, neben einem Tisch, auf dem Bücher stehen. Links von ihm ist ein weiterer Tisch mit Schriften, davor Holzkisten, dahinter ein überdachter Bereich, wahrscheinlich vor seiner einfachen Hütte, in dem ein wohlgefülltes Bücherregal erkennbar ist.

Mitte Dezember 1903 schloß sich Engelhardt als erster der Helgoländer Vegetarier Heinrich Aueckens an. Er verstarb aus ungeklärten Gründen Ende Januar 1904.

Im Juli 1904 traf Max Lützow ein, ein in Berlin populärer Musiker. Eine Werbepostkarte (siehe Seite 104) zeigt beide vollbärtig und schlank, mit gemusterten knielangen Tuch um die Lenden, vor einer Palme, Engelhardt stehend und zur Seite in die Ferne blickend, Lützow mit starrem Blick vor ihm zur Seite sitzend in einer fraulich wirkenden Pose. Lützow erkrankte im Februar 1905 und starb an Erschöpfung, nach einer mißglückten Überfahrt im Sturm zum Hospital in Herbertshöhe. Malaria, Mangelernährung und Meinungsverschiedenheiten machten den Sonnenanbetern zu schaffen.

In der ersten Hälfte 1905 trafen die Vegetarier Wilhelm Bradtke, August Bethmann mit seiner Verlobten Anna Schwab und Heinrich Konrad (auch: Conrad) auf Kabakon ein. Ein Foto zeigt Anna Schwab in der Mitte von zwei Männern, sie leicht zum stämmigen vollbärtigen Bethmann geneigt, beide in weißen Kleidern, auf der anderen Seite steht Engelhardt im Lendenschurz, stark gebräunt und abgemagert, die Rippen treten hervor.

Das Buch „Eine sorgenfreie Zukunft, ein Beitrag zur Lösung der heiklen Magenfrage" von August Bethmann erweiterte August Engelhardt in der fünften Auflage zum hier vorliegenden „neuen Evangelium für die Auslese der Menschheit", wobei er ausführlich aus den Büchern seiner umfangreichen Bibliothek zitierte. Auch Heinrich Konrad schrieb mit (siehe Seite 75), wird aber nicht als Autor genannt. Konrad kehrte im Oktober 1905 nach Deutschland zurück. Ein Engländer namens Robson war nur kurz auf der Insel. Zuletzt kam Wilhelm Heine im November 1905, er starb nach zwei Monaten.

Es hielten sich nie mehr als fünf Anhänger Engelhardts auf Kabakon auf. Die gerne in der Literatur erwähnten bis zu 30 Mitglieder seiner Kokovoren-Kommune basieren auf eine Verwechslung mit den etwa 30 Namenseinträgen in der Liste der Früchtler im Abschnitt 40 dieses Buches (Seite 98), die selbst schon großzügig gefüllt wurde.

Am 15. Oktober 1905 berichtete die New York Times in einem langen

Artikel unter der Überschrift „Failure of a Womanless Eden in the Pacific", dass Engelhardt verstorben sei. Der australische „Morning Bulletin" zitierte am 28. Oktober 1905 unter der Überschrift „A sun-worshipper who is much alive" einen Leserbrief von Felix Schmellitscheck an den „Daily Telegraph" in Sydney, in dem dieser einen Brief seines Freundes Engelhardt zitiert, der Textpassagen aus seinem Buch zitiert[30] und einen Staatenbund zwischen Australien und Japan anregt.

Anfang 1906 wog Engelhardt nur noch 39 kg, litt an Krätze und Hautgeschwüren. Er war zu schwach zum Gehen. Er wurde in das Hospital in Herbertshöhe eingewiesen, das er am 8. Februar mit 55 kg vorzeitig verließ. Noch immer hatte er Hautausschläge und Fieberanfälle. Die Plantage verwahrloste zusehends.

In der Zeitung „Deutsche Macht", Nr. 3, 32. Jahrgang, aus Cilli (jetzt Celje in Slowenien) vom 10. Jänner 1907 erschien unter dem Titel „Die Sonnenbrüder" der ausführlich zitierte Bericht des stellvertretenden Gouverneurs von Deutsch-Neuguinea, Dr. Emil Kraus, vom Sommer 1906: Er warnt vor einer Reise nach Kabakon, nur noch Engelhardt und Bethmann seien als einzige Weiße auf der Insel, Bethmann wolle mit dem nächsten Dampfer Deutsch-Neuguinea verlassen. Doch bevor es dazu kam, starb Bethmann im Oktober 1906 unter ungeklärten Umständen, möglicherweise nach einem Streit mit Engelhardt.

Engelhardt publizierte weiterhin Werbeschriften und Anzeigen, deren Inhalt immer abstruser wurde. Die Plantage bewirtschaftete er ab 1909 mit Wilhelm Bradtke als Verwalter, er selbst studierte und malte einheimische Heilpflanzen. Ein Foto von 1911 zeigt einen abwesend blickenden, geschwächten, im Gesicht bleichen Engelhardt mit Fußverband auf einem Stuhl im Freien, dahinter verdeckt stehend ein besorgt wirkender junger Einheimischer. 1913 verließ Bradtke die Insel im Streit und Engelhardt blieb als einziger Weißer zurück. Im selben Jahr erschien bei Benedict Lust Publications in New York die englische Ausgabe seines Buches mit Bethmann.

Nach Ausbruch des Ersten Weltkriegs und australischer Aneignung von Deutsch-Neuguinea im Sommer 1914 wurde Engelhardt in Simpsonhafen (seit 1918 Rabaul) interniert, konnte aber nach wenigen Wochen nach Ka-

---

[30]Das Zitat des Zitates des Zitates des Zitates.

bakon zurückkehren. Seine Kokosplantage übergab er wegen der Besetzung an die australische Ehefrau des Deutschen Wilhelm Mirow, dem Geschäftsführer der Hamburger Südsee Aktiengesellschaft.[31]

Engelhardt starb Anfang Mai 1919, seine Leiche wurde am 6. Mai aufgefunden. Seine Grabstätte ist unbekannt. Wilhelm Bradtke starb am 10. Mai. Mirow wurde am 26. Juli zum Testamentsvollstrecker ernannt, jedoch am 21. Februar 1920 wieder entbunden, er übernahm aber Engelhardts Plantage. Engelhardts einziger sonstiger nennenswerter Nachlass war seine Bibliothek.

August Bethmann wurde am 21. April 1864 zu Alsleben a. d. Saale, einem kleinen Ort zwischen Magdeburg und Leipzig, geboren. Über ihn ist wenig bekannt. Über seine Jugend teilte er Carl Huter mit: „Als Einjähriger zwangsgeimpft" und „erspart blieb mir das zweifelhafte Vergnügen in einer sogenannten höheren Anstalt auf lateinischen Bänken meinen deutschen Hosenboden durchzuscheuern". Stattdessen absolvierte er eine Lehre in einer Buchdruckerei.

Ab 1882 schlägt sich der Autodidakt als Korrektor, Redakteur und Geschäftsmann durch. 1888 wird er für den aktiven Militärdienst als zu schwach eingestuft. 1890 wird er Vegetarier, 1896 reiner Fruchtesser (Früchtler) und schreibt „Ich erfreue mich einer bisher nie gekannten körperlichen und geistigen Regsamkeit." Er meldet Gebrauchsmuster an und vertreibt seine „Erfindungen".

1898 erscheint seine Schrift „Eine sorgenfreie Zukunft, ein Beitrag zur Lösung der heiklen Magenfrage" im Eigenverlag. 1905 schließt er sich mit seiner Verlobten Anna Schwab August Engelhardt auf Kabakon an. Im Folgejahr wird sein Buch in der fünften Auflage mit den Erweiterungen und Beiträgen von August Engelhardt zum „neuen Evangelium für die Auslese der Menschheit".[32] Bethmann beginnt an Engelhardt zu zweifeln. Doch bevor er abreisen kann, verstirbt er im Oktober 1906. Ob Engelhardt seinen Tod verschuldet hat, bleibt offen. Anna Schwab arbeitet danach als Hauslehrerin bei Albert Hahl, dem Gouverneur Deutsch-Neuguineas.

---

[31]Diese hatte um 1909 für eine Million Dollar die Plantagenbesitztümer von Emma Forsayth-Coe erworben, die nach Monte Carlo auswanderte, wo sie 1913 starb.

[32]Ob die beiden Inserenten im Buch auf Seite 102 für Kokosnussprodukte in den benachbarten Dörfern Sandersleben und Alsleben mit August Bethmann identisch sind, ist ungeklärt.

Nachwort: Der harmlose August Engelhardt?

„Man sollte oft wünschen, auf einer der Südseeinseln als so genannter Wilder geboren zu sein, um nur einmal das menschliche Dasein ohne falschen Beigeschmack durchaus rein zu genießen."

Johann Wolfgang von Goethe „Gespräche mit Eckermann", 1828.

„Wir verlangen auch unseren Platz an der Sonne."

Bernhard von Bülow, Staatssekretär des Äußeren und späterer Reichskanzler zur Rechtfertigung der Kolonialinteressen des Deutschen Kaiserreichs, Reichstagsdebatte, 6. Dezember 1897.

Die Affen rasen durch den Wald,
der eine macht den andern kalt.
Die ganze Affenbande brüllt:
„Wo ist die Kokosnuss, wo ist die Kokosnuss,
wer hat die Kokosnuss geklaut?"

Kinderlied

Der Südsee-Sonderling August Engelhardt ist populärer denn je. Das liegt zum einen an den Strömungen der Lebensreformbewegung, die bis heute nach- und weiterwirken. Von dort griff Engelhardt Ideen zu Vegetarismus, Freikörperkultur und Landkommunentum auf. Der Vegetarismus wurde auf Fruchtessertum (Fruktivorismus) und schließlich auf reines Kokosnussessen (Kokovorismus) zugespitzt. Eine kleine Insel wie Kabakon war ideal für eine Kommune, die eine Kokosplantage bewirtschaften sollte. Nacktsein verstand sich unter der tropischen Sonne von selbst.

Der Ernährungsratgeber Bethmanns zur „heiklen Magenfrage" wuchs in der fünften Auflage von 30 auf über 100 Seiten, vollgestopft mit Engelhardts Ausführungen[33] und wirren Thesen, die mit langen Textpassagen aus den Schriften seiner Bibliothek untermauert sind. „Cut-and-Paste" von Hand schon damals, aber ordentlich zitiert. Ergänzt wurde das ganze durch schwärmerische Gedichte von eigener Hand zum Gotteslob von Kokospalmen und Sonnenkraft.

---

[33]In seinen Wiederholungen und Übertreibungen dem Duktus eines Thomas Bernhard verwandt, freilich nicht als Stilprinzip, aber als Wirkungsmittel.

Wahnhaft spann Engelhardt seinen Kokovorismus ins Religiöse weiter, in einen Mutter-Vater Kokospalmen- und Sonnenkult. Daher sind die Äquatorzonen und die Tropen für den Kokos-Knacker Eden und Paradies. Sein Credo war die Kokosnuss, der Stein der Weisen, die Antwort auf alle Menschheitsfragen *in nuce*. Die irdische Kokospalme, ihre Nuß und die himmlische Tropensonne wird abwechselnd als Gott-Vater und All-Mutter, an deren Brust der Sonnenanbeter trinkt, verehrt (während der beste Muttermilchersatz die Kokosmilch ist). Durch reine Kokosnussdiät sollte der Mensch gottähnlich, zum unsterblichen Sonnenlicht- und Ätheresser werden.

Engelhardts Zeitgenosse

Der andere Grund für die Popularität des Kokosapostel von eigenen Gnaden dürfte aber wo anders liegen: Im Gegensatz zu seinem Zeitgenossen Adolf Hitler.

Auch Hitler war ein Vegetarier[34] (meist), Autodidakt, Asket und wahnhafter Propagandist wie Engelhardt. Nur bediente sich Hitler in seinem ähnlich abstrusen Buch „Mein Kampf"[35] wenig an Ideen der Lebensreformbewegung, sondern vor allem bei den Ideologien von Rassismus, Militarismus und Imperialismus, mit einer Betonung auf dem Antisemitismus. Engelhardt hingegen war Kosmopolit und schwärmte von „edlen Wilden".

Engelhardt ist mit seiner Ideologie überschaubar gescheitert, er blieb allein, eine tragikomische Figur. Hitler war ungeheuer erfolgreich in seiner Destruktion, er wurde Volkes Führer, die von ihm betriebene Menschheitstragödie überschattet tiefschwarz alles Lächerliche bei ihm.

Es bleibt die Sehnsucht, Hitler hätte an seinem Größen- und Erlöserwahn scheitern können wie Engelhardt. Das macht uns Engelhardt trotz allem Wirrsein sympathisch.

Koko-Kannibalismus

Engelhardt war Einzelgänger, wichtig war ihm Autonomie:

[34]Wie gut, dass es auch einen pazifistischen Vegetarier und Zeitgenossen von Engelhardt gibt: Albert Einstein.

[35]Auch Hitler zitierte viel in seinem Buch, aber meist ohne Quellenangaben.

„Der kokovore Sonnenmensch ... ist ... unabhängig von der Hilfe und Arbeit seiner Mitmenschen. Er ist alles in einer Person."

Darüber hinaus war er aber nicht nur ein Misanthrop, der mit seinen Anhängern in Streit geriet. Eigentlich hätte er seine Mitmenschen am liebsten verspeist:

„So sehr die Menschenfresserei der Forderung der Ebenbürtigkeit und damit der Forderung der Logik entspricht, so sehr widerspricht sie der Forderung des Herzens, des Gemüts, der Moral."

Dazu paßt, dass Engelhardt die Kokospalme und ihre Frucht, von der sich der Kokovore ausschließlich ernährt, vermenschlicht:

„Tiere mit Menschenköpfen gibt es nicht. Gibt es Pflanzen mit Menschenköpfen? ... Gibt es Pflanzen, die das Menschenhaupt als Frucht tragen? ... Es sind die Kokospalmen. Ihre Früchte, die Kokosnüsse, sind vegetabile Menschenköpfe. Sie allein sind des Menschen wahre Nahrung ... Wißt Ihr nun, liebe Freunde, weshalb die Kokosnuß, die Königin der Nüsse, die Form des Menschenhauptes hat, warum zwei Augen und einen Mund und Haare und die Nähte des Hauptes? Und wißt Ihr nun, warum eine Palme des Menschen Mutter ist und warum diese Palme der größte Liebling der Sonne ist gleich dem Menschen selbst?"

In seinem später veröffentlichten Kokosevangelium schreibt er schließlich:

„Der Kokosesser ist Gottesser, ist Theophag. Der Mensch ist, was er isst. Der Gottesser, d.i. Kokosesser, muß göttlich, muß gleich Gott werden. Der Mensch als Ebenbild Gottes ist Gottesser. Der Mensch ist absoluter Kokovore. Der Kokovorismus, die Theophagie, ist der Weg zur vollen Erlösung von Schmerz, Leid und Tod."

Hier wird transzendiert, schließlich ist Theophagie auch von zentraler Bedeutung im Christentum, in der Kommunion der Eucharistie, wo der Leib Christi verspeist wird. Der Lohn der Theophagie bei Engelhardt ist die Unsterblichkeit, die Gottähnlichkeit.

Resümee

Keine Frage, Engelhardt war *coco-nuts*, koko-narrisch, ein Palmenpsychopath im gemusterten Lendenschurz.[36] Engelhardt hatte jedoch die Gnade des frühen Scheiterns.

Melbourne, März 2012   Dieter Kiepenkracher

[36]Jetzt genug der Kokos-Kalauer.

Engelhardts Essenz

Die folgende thematisch geordnete Zitatensammlung basiert auf einer linguistischen Analyse des Buchtextes und legt die wesentlichen Gedankengänge Engelhardts frei.

Zivilisationskritik und „edle Wilde"

Der unruhige, nervöse, leidenschaftsvolle Kulturmensch von heute würde sich im Paradiese recht unglücklich und gelangweilt fühlen, gleich dem Pferde, das sein ganzes Leben im Bergwerksstollen zugebracht und das, dem Lichte des Tages wiedergegeben, sehnsüchtig nach seinem finstern Stollen zurückverlangt, würde er sich nach dem aufregenden, bunten Leben der Kultur zurücksehnen.

Die meisten europäischen Großmächte, auch einige kleinere Staaten haben ausgedehnte Tropenkolonien. Sie alle und ... Missionen ... den bedürfnislosen Eingeborenen bedürfnisreich, anspruchsvoll zu machen. Sie steigern die Ausfuhr des Vaterlandes und zwingen den Eingeborenen zu arbeiten, um das nötige Geld bzw. die nötigen Waren zu verdienen.

Georg Wegner schildert: ... Heutzutage ist ... die Bevölkerung in der Abnahme begriffen. Die Gründe dafür sind im wesentlichen ... große Unsittlichkeit und verfrühter geschlechtlicher Verkehr[37] ... Auf den nördlichen Inseln, die ursprünglicher geblieben sind, gelten die Eingeborenen für erheblich gesünder und kräftiger.

Nacktgehen und Freikörperkultur

In der heißen Zone dagegen schämen sich die Eingeborenen, wie sie sagen, daß sie Kleider tragen sollen, und sie laufen in die Wälder, wenn man sie zu früh nötigt, ihr Nacktgehen aufzugeben. ... Über den veredelnden Einfluß des rasseverbessernden Nacktgehens: Bei den nackten Völkern spielt die natürliche Auslese eine ungemein große Rolle. Bei den Kleider- oder

---

[37] Beziehungen zu Einheimischen waren offiziell verpönt. Der Gouverneur von Deutsch-Neuguinea, Hahl, hatte ein Kind mit einer einheimischen Frau der Tolai. Geschlechtskrankheiten wie Syphilis verbreiteten sich in den Kolonien.

Kulturvölkern wird der lebendige Körper vom materiellen Besitz verdrängt. Die Millionärstöchter sind die gesuchtesten.

Kleidung ... ist ein Produkt des kranken Geistes, der ... neben dem Menschen in sich die geile, gierige Bestie groß zog, statt lebendiger Palmenkerne totes, faulendes Muskelfleisch, gekochte Blätter und gebackene, tote Körner als Baumaterial für seinen Körper benutzte und, aller Fern- und Tiefenwirkung bar, alle Dinge etikettieren und, mit Namen versehen muß, um zu wissen, womit er es eigentlich zu tun hat.

Er (der Winter) nötigt uns, die dicksten und schwersten Kleider zu tragen, uns lebendig einzusargen.

Gute Kleider sind ganze Lumpen. Sie sind ein tragbarer Sarg des Lebens. Der Kleidermensch ist tatsächlich lebendig begraben.

Was den Schutz der Kleidung vor der Kälte anbelangt, so hat Gott seinen Sonnengarten, die Tropen, groß genug gemacht, um alle Menschen beherbergen zu können, und es ist äußerst unklug und unökonomisch von uns, wenn wir kalte Länder als unsere Heimat betrachten lediglich deshalb, weil unser Vater, unsere Großmutter, unsere Urahnen so unvernünftig waren, ihr ganzes Leben in so licht- und wärmearmen Erdstrichen zu verbringen.

Von Vegetarismus zu Fruktivorismus und Kokovorismus

Da sich der Nahrungsertrag der Viehzucht zu dem des Weizenbaues ... wie 1:6 verhält, so ist die Viehzucht als unökonomisch sofort ausgeschlossen ...d.h., wo 1 Viehzüchter leben kann, da können 6 Ackerbauern und 32 Kokospflanzer leben.

Heutzutage bevölkert er (der Mensch) seine Kokoshaine mit dem der Steppe angehörenden Vieh, düngt die erhabenen Palmen, seine Mütter, mit dem stinkenden Mist des blöden Viehs, so geile Fruchtbarkeit erzeugend, und nährt sich selbst mit dessen Leichen.

Er (der Winter) macht uns zu Raubtieren, die mit freudiger Gier dampfende Stücke von Tierleichen verzehren, um möglichst rasch das Gefühl neuer Kraft und Wärme in dem vor Kälte zitternden Körper zu erzeugen.

Die Nahrung des blöden Kalbes kann nimmermehr die Muttermilch ersetzen. Noch viel größer als die Sterblichkeit der mit Kuhmilch Ernährten ist die Sterblichkeit der mit künstlichen Surrogaten ernährten Kinder.

Möchte die Medizin und möchten recht viele Mütter ihre Säuglinge mit dem edlen, mit der Kokosmilch verdünnten Safte der geriebenen Kokosnuss aufziehen anstatt mit tierischer, verblödender Kuhmilch.

So sehr die Menschenfresserei der Forderung der Ebenbürtigkeit und damit der Forderung der Logik entspricht, so sehr widerspricht sie der Forderung des Herzens, des Gemüts, der Moral.

Tiere mit Menschenköpfen gibt es nicht. Gibt es Pflanzen mit Menschenköpfen? ... Gibt es Pflanzen, die das Menschenhaupt als Frucht tragen? ... Es sind die Kokospalmen. Ihre Früchte, die Kokosnüsse, sind vegetabile Menschenköpfe. Sie allein sind des Menschen wahre Nahrung. Die Wissenschaft lacht vielleicht hierüber.

Wißt Ihr nun, liebe Freunde, weshalb die Kokosnuß, die Königin der Nüsse, die Form des Menschenhauptes hat, warum zwei Augen und einen Mund und Haare und die Nähte des Hauptes? Und wißt Ihr nun, warum eine Palme des Menschen Mutter ist und warum diese Palme der größte Liebling der Sonne ist gleich dem Menschen selbst?

Die Verfasser vertreten den strengsten Kokovorenstandpunkt, d.h. sie nähren sich nur von Kokosnüssen, wie sie uns Mutter Sonne in den feuchtheißen Tropen spendet, also nicht entwertet, ertötet durch Kochen, Schmoren oder Braten.

Der nackte tropische Fruktivorismus, Palmivorismus, Kokovorismus — das ist der einzig wahre Vegetarismus.

Die wahre Daseinsfreude, das reinste Lebensglück empfindet nur der Fruchtesser - der Kokosesser.

Kokoskult und Sonnenorden

Die Religion Christi, die Buddhas und die Mohammeds sind Erzeugnisse tropischen Sonnenäthers.

Christus ist Metaphysiker. Seine Religion verliert sich zu sehr in der Metaphysik und vergißt darüber, dem materiellen Leben genügend Aufmerksamkeit zuzuwenden.

Die Religion von morgen und übermorgen ist die Religion von einst und ehedem: die Sonnenanbetung der Tat; sie ist die Versöhnung des antimateriellen Christentums, des Idealismus mit dem antiideellen Materialismus von heutzutage. Sie ist nicht eine Religion, nicht ein Glaube, sie ist ein Wissen, sie ist glaubenslose Weisheit.

Kokos, Kaiser der Pflanzen!

Kokos, Mutter des Menschen!

Sie ist der Stein der Weisen — die Sonne und ihre Schöpfung: die Erde, das Planetensystem usw. *in nuce.*

Der kokovore Sonnenmensch ist der Mensch, wie er sein soll.

Die Brücke zwischen Tod und Unsterblichkeit ist der nackte, tropische Kokovorismus. Ist die Sonne, unser Vater, der Mensch in Form eines Gestirns, eines Himmelskörpers, so ist die Kokospalme Mensch und Sonne zugleich in Form einer Pflanze. Allen dreien gemeinsam ist die große Anhäufung des Rosenölstearopten bzw. der Palmitinsäure.

Hoch der Äquator! Nieder mit den Polen!

In diesen Worten ist der Weg zur Erlösung gegeben.

Hoch der Sommer, nieder der Winter!

Hoch Licht und Wärme, nieder mit Nacht und Kälte!

Hoch die Sonne, nieder die sonnenarmen Zonen!

Hoch der Himmel, nieder die Erde!

Wir müssen lernen, von der Sonne unendlicher Kraft- und Lebensfülle uns zu nähren. Wir müssen uns das mit den Augen- und Haarenessen, das Ätheressen wieder angewöhnen. Wir müssen lernen, Luft zu essen mit Haut und Lunge. Wir müssen uns den Magen langsam abgewöhnen.

Tropische Sonnenkraftakkumulatoren, Sonnenkrafttransformatoren und Sonnenabsorptions- und Sonnenstrahlapparate, — das werden sie sein. Gütige, helfende, geistvolle Sonnen in Menschengestalt zu sein, das ist der wahre Beruf des Menschen. Das heißt: Menschsein.

Kommt herab an den Äquator und lernt Sonnenäther trinken, Freunde, werdet wieder, was wir einst, einst waren: Sonnenätherkondensatoren und -akkumulatoren einerseits, Sonnenätherstrahlapparate, d. h. Heilmagnetiseure, fernstehende, fernsprechende, fernwirkende, prophetische Menschen, dann brauchen wir keine Apotheken und Heilsäfte mehr, keine Zeitungen, Telegraphen, Telephone, drahtlose Telegraphie, Eisenbahnen, Dampfschiffe — dann sind wir all das selbst in einer Person — Mensch und Gott zugleich, absolut bedürfnislos, weil unendlich ätherreich, ohne tote Außenkultur, weil höchste, edelste Innenkultur. Kommt und trinkt Äther an der Sonnenmutter Brüsten, laßt das Erdessen, werdet Menschen, oder wollt ihr Karikaturen, Fragmente, Todeskandidaten bleiben?

Der nackte tropische Fruktivorismus und Sonnenkultus der Tat wird uns reinigen und erleuchten, er wird uns wandeln zu urlebendigen, glücklichen, gütigen Sonnenkindern, die ein neues Eden und Paradies gefunden haben an der Brust ihrer allliebenden Mutter Sonne.

Wo die energischen Tropenfreunde, die sich sehnen, innig sehnen, heimzukehren an die Brust der Allmutter Sonne, um Leben, Weisheit zu trinken?

Und wißt Ihr nun, warum eine Palme des Menschen Mutter ist und warum diese Palme der größte Liebling der Sonne ist gleich dem Menschen selbst?

Versteht Ihr nun, warum der Kokospalme Heimat des Menschen Mutterland, seine Heimat ist, warum der Mensch in die Tropen gehört, und warum er nur in den Tropen Mensch sein und wieder Mensch werden kann.

Die Sonne ist mein Vater — ohne daß er (der Mensch) den kalten Norden verläßt, um zur Sonne zu eilen, nackend im Tropen Sonnenbade Leben, Leben, Leben zu trinken aus dem nie versiegenden Lebensfüllhorn seines wiedergefundenen Vaters?

Wie der Gesamtheit du dienst am besten in jeder Beziehung? Diene der Sonne, o Freund! Dann wirst du zur Sonne der Menschheit.

Die Kokosnuss ist Gott *in nuce*.

Die Lösung aller Fragen

Alle Probleme und Fragen, die die Menschheit gegenwärtig bewegen: der Kapitalismus oder die soziale Frage, die Abschaffung der Kriege oder die Friedensfrage, die Gleichberechtigung der Frau oder die Frauenfrage, die Erhöhung der Fleischpreise, der Vegetarismus und der Fruktivorismus oder die Nahrungsfrage, die Gartenstädte und Gartenländer und die Bodenreform oder die Bodenfrage, die zweckmäßigste Kleidung, die ewig lichtluftbadenden Völker oder die Kleiderfrage, der absolut vom Vieh und jeglichem Haustier sowohl in Bezug auf Ernährung wie in Bezug auf Landwirtschaft unabhängige Mensch oder die Enttierungsfrage, der Kampf für Europa bzw. die Tropen oder die Tropenfrage — wer wollte sie alle nennen, diese vielen Fragen und Frägchen, die das Chaos der Jetztzeit zu bessern und zu entbehren suchen. Sie alle finden ihre Lösung durch die immer spendende Tropensonne und die immer tragende Kokospalme, durch den nackten Kokovorismus der Tat, am Äquator.

Internationale Palmenpolitik und Tropenpatriotismus

Wir müssen uns ernstlich abgewöhnen, die Ernährungs- und Lebensfragen aus der kleinlichen Perspektive des Lokal- und Nationalpatriotismus zu betrachten. Wir müssen uns als Lichtluftgeschöpfe, als Sonnenwesen, als kosmische Wesen empfinden lernen und nach kosmischen, physischen Gesichtspunkten, unsern Wohnsitz wählen. Nicht Partei- und Nationalpolitik, nicht Menschenpolitik — Sonnenpolitik!

Allen jenen, die von dem „Deutschland, Deutschland über alles!" durchdrungen sind, möchte ich sagen, daß Deutschland heutzutage weiter reicht als von der Maas bis an die Memel und von der Etsch bis an den Belt,[38] und ihr recht gut intensive Sonnen- und Palmenpolitik treiben könnt, ohne deshalb schlechte Patrioten sein zu müssen.

Wir müssen den engherzigen Gesichtspunkt der Nationalpolitik mit dem die ganze Welt übersehenden Gesichtspunkt der Kosmo- oder Sonnenpolitik vertauschen.

Damit der Vegetarismus echt und wahr, damit er wahrhaft vegetarisch werde, muß er das Reich des Winters verlassen und tropisch, äquatorial werden; damit das Christentum rein und wahrhaft christlich werde, muß es sich wandeln zum Sonnen-, zum Tropenchristentum; damit der Sozialismus gesund und weltumfassend werde, muß der Äquator der Menschen Heimat werden. In den Tropen allein kann sich die Menschheit reinigen, harmonisch gestalten, entwickeln auf christlich-sozialer, fruktivorischer, kleiderloser Basis.

Durch den tropischen Kokovorismus oder die heliotropische Sozialökonomie der Tat werden Patriotismus und Nationalökonomie abgelöst, verdrängt, ersetzt werden. Die äquatoriale Sonnenheimat, die wahre Heimat des Menschen, tritt an die Stelle des Vaterlandes, der internationale Sozialismus an die Stelle des Nationalismus, die Sozialökonomie an die Stelle

[38]In unseren Tagen zumindest bis nach Mallorca.

der Nationalökonomie. Der Staatsbürger wird zum Weltbürger, der Patriot zum Kosmopoliten, der Landsmann zum Sonnenkinde.

Nicht das Land ist unser Vaterland, in das unsere Ahnen politischer oder ökonomischer oder religiöser oder pathologischer Gründe halber gezogen sind, sondern jenes Land, das uns die beste geistige und körperliche Entwicklung garantiert, das uns jahraus, jahrein die gesündeste Nahrung im reichsten Maße spendet.

Die äquatoriale Siedlungsgesellschaft als Kokos-Kolonie

Auf, in die Tropen, zur Kokospalme, in die wahre Heimat und zur wahren Mutter des Menschen.

Alle Freunde des natürlichen, sonnigen Lebens, alle Sonnensehnsüchtigen, alle fruchtessenden Lichtluftmenschen der Theorie und Praxis zu gleicher Zeit laden wir herzlich ein, ihre Heimat mit der Kokosinsel Kabakon im Bismarckarchipel zu vertauschen, um hier ein durchaus reines, naturgemäßes Leben zu führen.

Hier in diesem deutsch-tropischen Afrika und Australien soll und muß der deutsche Vegetarierpatriot sein wahres Wirkungsfeld suchen und finden.

Es ist die erste Kolonie des von mir ins Leben gerufenen Sonnenordens, einer äquatorialen Siedelungsgesellschaft, der den doppelten Zweck hat:

1. Seinen Mitgliedern die denkbar besten Lebensbedingungen bietend, große, edle, gute, urgesunde — ganze Menschen aus ihnen zu züchten.

2. Ein internationales tropisches Kolonialreich des Fruktivorismus zu begründen, indem er um den ganzen Äquator ein engmaschiges Netz von Kolonien reinen, nackten, fruktivorischen Lebens legt.

Der Sonnenorden wird zunächst Kabakon besiedeln, von da aus den Bismarck-Archipel, dann Neuguinea und die Inseln des Stillen Ozeans, schließlich das tropische Zentral- und Südamerika, das tropische Asien und das äquatoriale Afrika.

Ich fordere alle Fruktivoren und Freunde der naturgemäßen Lebensweise auf, mitzuhelfen bei dem Bau des Menschntempels des Fruktivorismus, den es aufzurichten gilt, mitzuwirken bei der Gründung des fruktivorischen Weltreichs. Die Waffe, mit der wir kämpfen und siegen werden, ist die höchste Bedürfnislosigkeit mit ihrem glänzenden, imposanten Gefolge geistiger und körperlicher Tugenden und Kräfte.

Je mehr die Menschheit aus ihren toten, unnatürlichen Verhältnissen zu ihrer himmlischen und irdischen Mutter, zur Tropensonne und zur Kokospalme, zurückkehrt, um so mehr wird sich die Erde zum Paradiese wandeln.

Mutig voran, den Blick auf die Sonne, den Urquell des Lebens!

Schriftenverzeichnis

August Bethmann: Eine sorgenfreie Zukunft: praktisch erprobte Rathschläge eines modernen Naturmenschen; ein Beitrag zur Lösung der heiklen Magenfrage. A. Bethmann, Remscheid 1898.

August Bethmann, August Engelhardt: Eine sorgenfreie Zukunft: Das neue Evangelium; Tief- u. Weitblicke f. d. Auslese der Menschheit 5., völlig umgearbeitete und erweiterte Auflage. Bethmann & Engelhardt, Kabakon bei Herbertshöhe 1906.

August Bethmann, August Engelhardt: A Carefree Future: The New Gospel (Glimpse Into The Depth And Distance For The Selection Of Mankind, For The Reflection Of All, For Consideration And Stimulation). Benedict Lust Publications, New York 1913.

Dieter Klein: Neuguinea als deutsches Utopia. August Engelhardt und sein Sonnenorden. In: Hermann Joseph Hiery (Hrsg.): Die Deutsche Südsee 1884–1914. Ein Handbuch. Ferdinand Schöningh Verlag, Paderborn 2001, ISBN 3-506-73912-3, S. 450–458.

Sven Mönter: Following a South Seas dream: August Engelhardt and the Sonnenorden. Germanica Pacifica Studies No. 2, Research Centre for Germanic Connections with New Zealand and the Pacific, Univ. of Auckland, Auckland 2008, ISBN 0-9582345-7-4.

Karl Baumann, Dieter Klein, Wolfgang Apitzsch: Biographisches Handbuch Deutsch-Neuguinea. 1882–1922. Kurzlebensläufe ehemaliger Kolonisten, Forscher, Missionare und Reisender. 2. verbesserte Auflage. Fassberg 2002 (ohne ISBN).

Christina Horsten, Felix Zeltner: Der Ritter der Kokosnuss. In: Süddeutsche Zeitung, SZ Wochenende, München, 13. Juni 2009.

Golf Dornseif: Ein Kokosnuss-Apostel als Heilsbringer Neu-Guineas, `http://www.golf-dornseif.de/`, Volker Wansleben, Aschaffenburg, 1. Mai 2010.

Marc Buhl: Das Paradies des August Engelhardt. Eichborn, Frankfurt a.M. 2011, ISBN 978-3-8218-6148-7.

Susanne Leinemann: Der Orden der Fruchtesser. In: mare. No. 83, Dezember 2010/Januar 2011, S. 52-55.

Christian Kracht: Imperium. Kiepenheuer & Witsch, Köln 2012, ISBN 978-3-462-04131-6.

Personenverzeichnis

Dieses Verzeichnis enthält Angaben zu allen im Buchtext bis Abschnitt 39 erwähnten Personen. Wenn nicht anders angegeben, handelt es sich um Deutsche. Für die Namen Heinrich Konrad (bzw. Conrad) und Dr. Evans konnte keine Zuordnung gefunden werden, für den Namen Mohr ist sie nicht eindeutig.

Below, Ernst (1845-1910), Arzt und Weltreisender, wirkte auch in Mexiko. Ab 1898 Chefarzt der Lichtheilanstalt »Rotes Kreuz« in Berlin.

Böttger, Heinrich (1801-1891), Dr. phil, Königlicher Bibliothekssekretär in Hannover.

Brinckmeier, Johann Peter Ludwig Eduard (1811-1897), Schriftsteller und Privatgelehrter. Schrieb ein Buch über Hanfanbau.

Buddha gebräuchlicher Name für den Religionsstifter Siddhartha Gautama. Im Buddhismus auch Bezeichnung für einen Menschen, der Bodhi („Erwachen", Erleuchtung) erfahren hat.

Buttenstedt, Christian Heinrich Carl (1845-1910) Sekretär und Schriftsteller zu Themen der Luftfahrt und Philosophie, u.a. „Die Glücksehe", wo das Stillen des Partners als Verhütungsmethode vorgestellt wird.

Dach, Simon (1605-1659), Dichter der Barockzeit.

Darwin, Charles Robert (1809-1882), britischer Naturforscher. Bedeutender Naturwissenschafter wegen seiner Evolutionstheorie.

Degenhardt, Wilhelm Moritz (1845–1924), Stadtgartendirektor in Dresden.

Densmore, Emmet (1837-1911), englischer Arzt und medizinischer Schriftsteller, Begründer der Natural Food Society. Schrieb u.a. „Sex Equality: a solution of the woman problem".

Díaz del Castillo, Bernal (um 1494-1581), spanischer Conquistador, der einen Augenzeugenbericht über die Eroberung Mexikos unter Hernán Cortés verfasst hat.

Fünfstück, Leberecht Moritz (1856-1925), Botaniker und Hochschullehrer in Stuttgart.

Grün, Anastasius, Pseudonym des Anton Alexander Graf von Auersperg (1806-1876), österreichischer Politiker und Lyriker, Vorkämpfer für die Freiheit in der Zeit des Vormärz.

Häckel, Ernst Heinrich Philipp August (1834-1919), Arzt, Zoologe und Freidenker, der die Arbeiten von Charles Darwin in Deutschland bekannt machte. Führte den Begriff der Oecologie (Ökologie) ein, so wie er heute verstanden wird. Er bezeichnete Politik als angewandte Biologie und gilt als Wegbereiter der sogenannten Rassenhygiene. Sein Werk wurde im Nationalsozialismus als Begründung für Rassismus und Sozialdarwinismus vereinnahmt.

Hensel, Julius (1844-1903), Mediziner, Chemiker und Apotheker. Schrieb ein Buch über Makrobiotik.

Hoffmann, Carl (1802–1883), Verleger, Druckereibesitzer und Buchhändler.

Humboldt, Friedrich Wilhelm Heinrich Alexander von (1769-1859), bedeutender Naturforscher und Weltreisender. Schuf „einen neuen Wissens- und Reflexionsstand des Wissens von der Welt". Mitbegründer der Geographie als empirischer Wissenschaft.

Jäger, Gustav Eberhard (1832–1918), Zoologe, Mediziner, Schriftsteller, Unternehmer für den Vertrieb seiner wollenen Reformkleidung.

Jakisch, Otto (1872-1956), Versicherungsfachmann, Vorsitzender des Hamburger Vegetariervereins, 1903-1922 Vorsitzender der Genossenschaft Eden, der bis heute existierenden Vegetariersiedlung bei Oranienburg.

Kellogg, John Harry (1852-1943), US-amerikanischer Arzt und medizinischer Schriftsteller, leitete ein eigenes Sanatorium. Erfinder der Erdnussbutter und (mit seinem Bruder Will Keith Kellogg) der Cornflakes.

Kneipp, Sebastian Anton (1821-1897), bayerischer Priester und Hydrotherapeut (Wasserkuren).

Korschelt, Oskar (1853-1940), Chemiker und Ingenieur, der sich um die Einführung des japanischen Brettspiels Go in Europa verdient gemacht hat.

Lahmann, Heinrich, (1860-1905), Arzt und medizinischer Schriftsteller, gründete 1887 Sanatorium bei Dresden, stellte Nährpräparate zusammen.

Lebedeff, Alexander (19. Jhdt.), in Moskau tätiger Forscher. Nicht zu verwechseln mit dem Gynäkologen Dr. Alexander Lebedeff aus St. Petersburg.

Leunis, Johannes (1802-1873), naturwissenschaftl. Schriftsteller, Vikar am Hildesheimer Dom sowie Gymnasialprofessor dort.

Linné, Carl von (1707-1778), schwedischer Naturforscher, schuf die Grundlagen der modernen botanischen und zoologischen Klassifikationsschemata.

Meyen, Franz Julius Ferdinand (1804-1840), Mediziner, Botaniker und Universitätsprofessor.

Mohammed, Ibn 'Abd Allah Ibn 'Abd al-Muttalib o. Muhammad (570-632), arabischer Religionsstifter des Islam.

Mohr, Karl Friedrich (1806-1879), Chemiker, Apotheker in Koblenz und Medizinalassessor beim rheinischen Medizinalkollegium.

Mohr, Eduard (1828-1876), Kaufmann und Weltreisender (u.a. Amerika, Sandwichinseln, Beringstraße, Hinterindien, Java, Südafrika).

Mone, Franz Josef (1796-1871), Archivar und Historiker.

Montezuma o. Moctezuma II., (um 1465-1520) Azteken-Herrscher, kämpfte vergeblich gegen spanische Kolonisatoren.

Müller, Karl (1818-1899), zuerst Apotheker, dann autodidaktischer Botaniker und Schriftsteller.

Munk, Immanuel (1852-1900), Abteilungsleiter am physiologischen Institut der Universität Berlin.

Rehbock, Theodor (1864-1950), Wasserbauingenieur und Professor in Karlsruhe.

Seemann, Berthold (1825-1871 in Nicaragua), Naturforscher und Weltreisender.

Wegener, Georg (um 1864–1939), Geograph und Professor an der Handelhochschule in Berlin.

Zoroaster o. Zarathustra, altpersischer Zaotar (Priester) und Religionsstifter im zweiten o. ersten Jahrtausend v.Chr, mit Anhängern (Parsen) vor allem im heutigen Indien. Nietzsche benutzte den Namen in seinem Werk „Also sprach Zarathustra".

Glossar

Äquatorialströme aus äquatorialen Gegenden stammenden warmen Winde und Meeresströmungen.

Äquinoktialgegenden Tropenländer.

Per aspera ad astra, wörtlich „Durch das Rauhe zu den Sternen", entspricht den Redewendungen Ohne Fleiß kein Preis, Der Weg zu den Sternen ist steinig.

Amomum Pflanzengattung in der Unterfamilie Alpinioideae aus der Familie der Ingwergewächse (Zingiberaceae)innerhalb der einkeimblättrigen Pflanzen.

Bauhinien (Bauhinia), o. Orchideenbäume, Pflanzengattung in der Familie der Hülsenfrüchtler (Fabaceae).

Betelblätter Blätter des Betelpfeffer, Kletterpflanze in der Familie der Pfeffergewächse (Piperaceae), verwendet in der ayurvedischen Medizin.

Boabab o. Afrikanische Affenbrotbaum (Adansonia digitata), zählt zur Unterfamilie der Bombacoideae in der Familie der Malvengewächse (Malvaceae).

Bogaho(baum) o. Bo (Ficus religiosa), der gemeine Indische Feigenbaum.

Ceres römische Göttin des Ackerbaus, der Fruchtbarkeit und der Ehe.

Chamärops Pflanzengattung aus der Familie der Palmen (Palmae Coryphinae Sabalinae).

Cobra de Capello Brillenschlange (Coluber Naja L.), Gattung der Prunkottern, mit durch bewegliche Rippen verbreiterungsfähiger Vorderregion des Körpers.

Coir o. Kokosfaser, aus der äußeren Umhüllung der unreifen Kokosnuss gewonnene Naturfaser.

Cookinseln Inselgruppe und seit Ende des 20 Jhdts. anerkannter Kleinstaat im südlichen Pazifik.

Deutsch-Neuguinea 1899 vom Deutschen Reich übernommene Kolonialgebiete im Südpazifik sowie Deutsch-Samoa, aus dem Besitz der deutschen Handelsgesellschaft Neuguinea-Kompagnie.

Dikotylen o. Zweikeimblättrige (Dicotyledoneae) und Einkeimblättrige waren zwei traditionellen Klassen der Bedecktsamer.

Duke-of-York-Inseln ca. 60 qkm große Inselgruppe (mit Kabakon) im zu Papua-Neuguinea gehörenden Bismarck-Archipel. Benannt nach dem Herzog von York.

Zwischen 1885 und 1918 waren sie als Neu-Lauenburg Teil der deutschen Kolonie Deutsch-Neuguinea (ca. 240.000 qkm). Einwohner wurden 1900 etwa 3400 gezählt, 1905 davon 16 Weiße.

Endosperm Nährgewebe der Samen, das den Keimling umgibt.

Enna o. Henna, im Altertum Stadt in der Mitte von Sizilien, jetzt Castrogiovanni.

Erucasäure o. Erukasäure, einfach ungesättigte Fettsäure, die im Raps vorkommt und wegen gesundheitlicher Bedenken aus Speiseöl entfernt wird.

Heliconia o. Helikonien, einzige Gattung der Familie der Helikoniengewächse (Heliconiaceae) in der Ordnung der Ingwerartigen (Zingiberales).

Heliotropismus Fähigkeit von Pflanzen (z.B. Sonnenblume), sich nach der Sonne auszurichten.

Hudsonsbai o. Hudson Bay, großes Randmeer im nordöstlichen Teil Kanadas.

Hühnernuclein siehe Nukleinsäuren.

Indogermanen o. Indoeuropäer, die verschiedenen Volksgruppen zugehörigen Sprecher einer vermuteten indogermanischen Ursprache (im 4. Jahrtausend v. Chr.), die die enge Verwandtschaft der zugehörigen Sprachen zwischen Island und West-China erklärt.

Isophote Flächen gleicher Helligkeit.

Isothermen Linien gleicher Temperatur.

Kabakon ca. 66 ha große, südwestlichste Insel der Neu-Lauenburggruppe im Bismarckarchipel, siehe auch Duke-of-York-Inseln.

Kandy ehemaliges Königreich im Hochland der Insel Sri Lanka (vormals Ceylon).

Karolinen im Inselgebiet von Mikronesien gelegener Archipel im westlichsten Teil des Pazifischen Ozeans, zwischen den Philippinen im Westen und den Marshallinseln im Osten.

Kryptogame o. Geheim-, Verborgenblüher, so bezeichnete man eine Pflanze, deren sexuelle Vermehrung ohne Blüte stattfindet.

Lecithin klassischer Name für eine Gruppe chemischer Verbindungen, die so genannten Phosphatidylcholine. Bestandteile der Zellmembran tierischer und pflanzlicher Lebewesen.

Lichtisophote siehe Isophote.

Maha Sudona o. Suddhodana, Shuddhodana, Vater von Shakyamuni, dem historischen Buddha.

Maha Yaka eigentlich Maha Sohona, der gefürchteste Dämon (Yaka) der singhalesischen Mythologie in Sri Lanka.

Makrobiotik auf taoistischen Lehren und asiatischen Traditionen basierende Ernährungs- und Lebensweise vom Japaner Georges Ohsawa.

Marshallinseln Inselgruppe und seit 1979 Kleinstaat im westlichen Pazifischen Ozean, zur Inselwelt Mikronesiens gehörig.

Mens sana in corpore sano „ein gesunder Geist in einem gesunden Körper", verkürztes Zitat aus den Satiren des römischen Dichters Juvenal.

Muisca o. Muysca, Chibcha, ehemaliges Indianervolk in Kolumbien, besonders auf der Hochebene von Bogota.

Musacceen Bananengewächse (Musaceae) sind eine Familie in der Ordnung der Ingwerartigen (Zingiberales).

Nauru-Insel Koralleninsel und seit 1968 Kleinststaat im Südpazifischen Ozean, zur Inselwelt Mikronesiens gehörig.

Nowaja Semlja russische Doppelinsel, die westlich der innereurasischen Grenze im Nordpolarmeer liegt und zu Europa gezählt wird.

Nukleinsäuren aus einzelnen Bausteinen, den Nukleotiden, aufgebaute Makromoleküle. Nukleinsäuren bilden neben Proteinen, Kohlenhydraten und Lipiden die vierte große Gruppe der Biomoleküle.

offizinell arzneilich.

Orinoko der viertgrößte Fluss der Welt und der zweitgrößte Südamerikas, ca. 2000 km lang, als Flusssystem ca. 3000 km.

Palmitinsäure (Hexadecansäure) ist eine gesättigte organische Säure und wird zu den Fettsäuren gezählt.

Panniculus adiposus Unterhaut untergelagerten Mantel aus Fettgewebe, der die meisten Partien des Körpers bedeckt.

Pisang in einigen Sprachen der Name für Bananen.

Polanga Schlangenart.

Pomare König auf Tahiti.

Protose wachsartigen Fleischersatz namens „Protose" von J. H. Kellog erfunden.

Psycho-Physiognomik Vor allem vom Autodidakten Carl Huter Ende des 19. Jhdts. verbreitete Theorie über den angeblichen Zusammenhang von Gesichts- und Schädelformen mit Charakter- und Persönlichkeitsmerkmalen.

Raja(h) indischer Herrschertitel. Maha-raja bedeutet Großkönig.

Rentier Rentner, Privatmann, der von seinen (mitunter bescheidenen) Renten (Zinsen) lebt.

Rosenölstearopten butterartige Abscheidung des Rosenöls.

Rotationsellipsoid Ellipsoid, das durch die Drehung einer Ellipse um eine ihrer Achsen entsteht.

Rüböl o. Rapsöl (Rübsenöl, Kolzaöl, Kohlsaatöl).

Sago(palme) (Metroxylon sagu), Palmengewächs (Arecaceae), aus der Palmsago gewonnen wird. Sago ist ein geschmacksneutrales Verdickungsmittel aus granulierter Stärke.

Samoainseln polynesische Inselgruppe östlich von Fidschi im zentralen Pazifischen Ozean.

Sandwichinseln zwei von James Cook nach John Montagu dem 4. Earl of Sandwich benannte polynesische Inselgruppen im Pazifischen Ozean, zu denen Hawai gehört.

Schibutterbaum o. Karitebaum, Sheanussbaum, Afrikanischer Butterbaum.

Scitamineen (Gewürzlilienartige, Arillatae), Pflanzenordnung unter den Monokotylen.

Sevennen o. Cevennen, gehören zu den französischen Mittelgebirgen, südlicher Ausläufer des Zentralmassivs.

Sikuler aus Mittelitalien stammendes Urvolk, das um 1000 v.Chr. die Sikanern aus Sizilien verdrängte.

Singhalese Angehöriger einer Sprach- und Volksgruppe auf Sri Lanka.

Strelitzia Pflanzengattung in der Familie der Strelitziengewächse (Strelitziaceae).

Sundainseln o. Sunda-Archipel weitflächige Inselgruppe in Südostasien zwischen Australien und der Malaiischen Halbinsel.

Tahiti Insel im Süd-Pazifik, die politisch zu Französisch-Polynesien gehört.

Tamtam großer Chau Gong, also ein ostasiatischer Metallgong.

Taro (Colocasia esculenta), Wasserbrotwurzel, Nutzpflanze in der Familie der Aronstabgewächse (Araceae).

Teuto o. Tuisco, Thuisco, Thuiskon, Tuisto, Theuth, Name eines germanischen Gottes. Nach dem Römer Tacitus ein ein erdentsprungener, zweigeschlechtlicher Gott und als Vater des Mannus Stammvater der Germanen.

Theobroma Gattung in der Familie der Malvengewächse (früher Sterkuliengewächse), zu der der Kakaobaum (Theobroma cacao) gehört.

Theophagie Einverleibung einer Gottheit über die Aufnahme von Speisen oder Getränken (z.B. Kommunion in der christlichen Eucharistie).

Toddy o. Palmwein, englisch-indische Bezeichnung für gegorenen Palmensaft.

Troglodyten Höhlenbewohner, von antiken Autoren beschrieben.

Vordemwald Einwohnergemeinde im Bezirk Zofingen im Schweizer Kanton Aargau.

Wärmeisotherme siehe Isotherme.

Yam (Dioscorea), Schmerwurz, Pflanzengattung aus der Familie der Yamswurzelgewächse (Dioscoreaceae).

Zuidersee o. Zuiderzee, Sudersee war eine flache Meeresbucht der Nordsee im Nordwesten der heutigen Niederlande. Durch Eindeichung ist daraus das heutige Ijsselmeer entstanden, sowie weitere Binnenseen.